AF279863

Sprung ins Unbekannte

Gitta Mallasz

SPRUNG
INS UNBEKANNTE

Deutsche Fassung
Lela Fischli

DAIMON
VERLAG

Anmerkung: Wir danken für die Publikationserlaubnis der Fragen von Leserinnen und Lesern, Zuhörerinnen und Zuhörern, zu denen Gitta Mallasz in diesem Buch Stellung nimmt. Die großgedruckten Zitate im Buch stammen aus dem Dokument *Die Antwort der Engel,* die Ziffern in Klammern rechts der Zitate verweisen auf die jeweilige Seitenzahl.

ISBN 978-3-85630-717-2

3. Auflage 2008

INHALT

VORWORT

Nach dem Erscheinen des Dokuments *Die Antwort der Engel* und der beiden nachfolgenden, erläuternden Bände *Die Engel erlebt* und *Weltenmorgen* ist dieses vorliegende Buch von Gitta Mallasz nun schon das vierte Ergebnis einer lebhaften, intensiven und spielerischen Zusammenarbeit mit der mittlerweile über achtzigjährigen Autorin. Das Buch *Sprung ins Unbekannte* knüpft eng an die vorangegangenen Publikationen an; für Leserinnen und Leser, denen letztere unbekannt sind, folgen hier einige kurze Hinweise.

Während des zweiten Weltkrieges erlebten vier junge Freunde in Ungarn in einer Zeit großer innerer und äußerer Bedrängnis eine außergewöhnliche Erfahrung, welche von Gitta, der einzigen Überlebenden der vier, als Dokument aufgezeichnet wurde. Der viele Jahre später veröffentlichte Bericht dieses Geschehens in französischer, englischer, italienischer und deutscher Sprache (*Die Antwort der Engel,* 1981) traf auf eine enorme Resonanz, Gitta Mallasz wurde mit Leserbriefen und Fragen überhäuft. Als Antwort darauf folgten nun die beiden Bücher *Die Engel erlebt* und *Weltenmorgen,* in denen zentrale Themen aus dem Dokument aufgegriffen und durch persönliche Erläuterungen erhellt werden. Es geht Gitta Mallasz dabei – wie auch hier in diesem Buch – nicht um eine Interpretation des numinosen Erlebnisses. Vielmehr läßt sie uns am eigenen, immer tiefer werdenden Verständnis ihrer Erfahrung teilnehmen und versucht, die kollektiven, überpersönlichen Aspekte davon zu vermitteln.

In all ihren Büchern werden wir mit einer Gestalt konfrontiert, die verunsichert: der Engel. Was für die meisten von uns im Bereich des eher suspekten, mythisch-christlichen, längst überholten Aberglaubens angesiedelt ist, findet sich bei ihr als unangezweifelte, erlebte Gewißheit. Eine Gewißheit, die öfters irritiert – und wohl auch irritieren will: sie fordert unsere Auseinandersetzung mit dem "Unbekannten" heraus, rüttelt an gewohnten Denk- und Lebensmustern und provoziert die Frage nach dem eigenen Standort. So öffnet Gitta Mallasz mit ihren Worten über die "Engelerfahrung" vor allem Augen für Möglichkeiten des Menschen, die ungenutzt, ungeglaubt, ungewagt bleiben. In den langen Jahren unserer freundschaftlichen Zusammenarbeit habe ich sie als eine Frau kennengelernt, die mit ihrem praktisch-nüchternen Mut und einer tiefen Treue zu sich selber immer wieder radikal den "Sprung ins Unbekannte" gewagt hat – und dabei eine reiche Lebensfülle gewann.

Auf diesem Erfahrungsgrund sind die Kapitel des vorliegenden Buches gewachsen, das zuweilen wie ein leidenschaftliches Plädoyer für die Überwindung der Spaltung zwischen Geist und Materie anmutet, für die Überwindung der zerstörerischen Mißachtung des Materiellen, Erd- und Naturhaften, Körperlichen einerseits und der grenzenlos-verantwortungsarmen Überbetonung des Geistigen anderseits.

Zur Überwindung dieser Zerrissenheit ermutigt Gitta Mallasz zum Sprung ins Unbekannte, wo auf neuem Grund vielfältige, ganzheitliche Vereinigung pulsiert.

Als Herausgeber freuen wir uns an der wunderbaren Verbindung von weiser Erfahrung und kindlicher Frische, die immer wieder aus ihren Worten strahlt.

Frühling 1990
Lela Fischli

I. MENSCH UND ENGEL

VIELE NAMEN FÜR EINES

Bevor ich erzähle, was ich in der Gegenwart der Engel erlebt
habe, möchte ich wieder einmal kurz erhellen, was ich unter
dem Wort "Engel" verstehe.

Je nach Bewußtheitsgrad, Kultur und Ausprägung des Erken-
nens wurde diese geistige Kraft von den Menschen immer
wieder anders und mit sehr verschiedenen Namen benannt:

In Japan: *Kami* …
im Hinduismus: *Deva* …
im alten Iran: *Fravarti* oder *Daéna* …
im antiken Griechenland: *Genios*
oder *Daimon* bei Sokrates.
Die hebräische Tradition spricht vom *Malach,*
die christliche vom *Angelos* oder *Engel*
und heute bringen wir ihn mit den Begriffen des *Selbst*
oder des *Unbewußten* im weiten Sinne in Verbindung.

All diese Bezeichnungen sind unwichtig.
Wesentlich aber ist, wie diese Kraft in uns wirkt.

Hilft sie uns,
unserer selbst und unserer Erdenaufgabe bewußter zu werden…
unsere Selbständigkeit – selbst ihr gegenüber – zu finden …
uns vom Haften an der Vergangenheit und von der Furcht vor
der Zukunft zu befreien … im "Hier und Jetzt" der Gegenwart
zu leben …
in Lebensfreude immer neue Entdeckungen zu kosten …

uns nicht nur als Geschöpf, sondern ebenso auch als Schöpfer
zu erleben …
für uns selbst und für unsere Umwelt verantwortlich zu
werden…
dann ist es eine Liebeskraft,
die zu uns spricht,
dann ist es unsere Hälfte im Licht,
und wir ihre dichtere Hälfte auf Erden.

WER KANN DEN FRÜHLING FASSEN ?

Was zeigt mir an, daß ich meinem Engel wirklich begegnet bin und mich nicht in einer Illusion darüber wiege?

Bei mir war es so:
Auf einmal ist die unumstößliche Sicherheit da: "Ich werde geliebt".

Ja, ich werde geliebt und da ändert sich alles: der Erfolg, das Mißlingen, die Krankheit, das Leben und der Tod ... alles wird anders. Wir sind eingehüllt in eine unsagbar zarte und dennoch machtvoll strenge Liebe ... seit jeher, jetzt und immerdar.

Ich habe diese göttliche Liebe erlebt, aber zu Beginn war es recht anders, als man sich im allgemeinen "himmlische Ekstasen" vorstellt. Ich erzählte schon einmal in etwas anderem Zusammenhang von meiner ersten Erkenntnis, daß ich beachtet und begleitet werde.

In London, im Claridge, war ich beauftragt, einen exklusiv-mondänen Ball unter dem Patronat der Königin Mary im Stil "Old-Budapest" zu dekorieren. Vor mir die Tageszeitungen. Ich verschlinge das Lob, das meinen Dekorationen zugebilligt wird. Glückwünsche. Dann noch ein schmeichelhafter Heiratsantrag ... und ich bin vor Eitelkeit wie ein Luftballon aufgeblasen.

Fünf Minuten vor der Eröffnung trägt ein Arbeiter den letzten Stützbalken hinaus ... eine ungeschickte Bewegung, und er stößt gegen mein Auge, das augenblicklich stark anschwillt.

15

Ich komme mir vor wie ein seines Erfolges sicherer Box-champion, der plötzlich, von einer unbekannten Kraft nieder-geworfen, knocked-out und halbblind auf dem Boden liegt. Da aber öffnet sich plötzlich ein inneres Auge und ein ironischer Blick läßt mich meine lächerliche Eitelkeit sehen.

In diesem Moment wird mir zum ersten Mal deutlich die beglückende innere Gewissheit zuteil: "Ich werde begleitet, ich werde beobachtet ... Man läßt mich nicht allein ... Man korrigiert mich ... ja, ich werde geliebt!"

Wer aber stand hinter diesem unbekannten und doch so bekannten "Man"? Eine für mich damals undefinierbare Wesenheit, die ich dennoch an ihrer übermenschlich hehren Gerechtigkeit "erkannte".

Als ich dem Engel zehn Jahre später gegenüberstand, war es dieselbe Kraft, die mir damals "brutal" und dennoch von glühender Liebe erfüllt die Augen geöffnet hatte. Die Liebe des Engels ist wahrlich "himmelweit" von unseren lau hin und her schwankenden romantischen Gefühlen entfernt.

Die menschliche Psychologie macht uns der vergangenen Wunden des Nicht-Geliebtseins bewußt, der Wunden, die wir meist schon in zarter Kindheit erhielten.

Die göttliche Psychologie macht uns hingegen des Wunders des ständigen Geliebtseins bewußt.

Die von den Menschen erwartete und nicht erhaltene Liebe schlägt Wunden.
Die unerwartete Liebesgabe des Engels kann diese alten Wunden vollkommen heilen.

16

"Ich werde geliebt" ist das Wunder der Heilung. Darauf folgt das "Ich liebe", als natürliche Konsequenz dieses überfließenden Liebeswunders.

BIST DU WUNDER – SO BIST DU BLUME.   (107)

Solange mein "Ich liebe" aber persönlich gebunden und kontrolliert ist, gleiche ich einem Trichter, in den die göttliche Liebe einfließt, jedoch "ich-gefiltert" nur tropfenweise weiterrieseln kann.

Wenn ich mich hingegen im Lieben vergesse, so gleiche ich einem Trichter, durch den die göttliche Liebe ungetrübt von aller "Ich-Färbung" sich frei dorthin ergießt, wo Lieblosigkeit Wunden schlägt.

Der Mensch, der zum "ich-entleerten" Trichter wurde, sieht dann eines Tages das Frühlingswunder: Alles um ihn herum, Menschen, Tiere, Pflanzen, Arbeit, soziale Beziehungen, Familie … alles beginnt neu aufzuleben.

DAS WUNDER SCHEINT IN DER BLUME:
NICHT IN DIR SEI DAS WUNDER –
SONDERN DURCH DICH.
DU BIST NICHT BLUME – DU BIST FRÜHLING.   (107)

Geliebt … bin ich das sichtbare Wunder in der Blume.
Liebend … bin ich der unsichtbare Frühling, der alles erblühen läßt.

UND WER KANN DEN FRÜHLING FASSEN?   (107)

DER EKEL DER ENGEL

Anläßlich einer Leserbegegnung bemerkte ein Zuhörer einmal:
Die Engel sind laut Ihrem Buch sehr strenge Erzieher, was dem traditionellen Begriff ihrer trostreich milden Güte widerspricht...

Es gibt viele Traditionen zum Engel, und sie veränderten sich oft im Laufe der Jahrhunderte. Die romanische Kunst zum Beispiel zeigte in den katalonischen Fresken herrliche, erschreckend machtvolle, überirdische Wesen, deren sechs Flügel über und über mit allsehenden Augen bedeckt sind. Diese Maler haben meines Erachtens die Nähe der Engel tief erlebt. Die Tradition der Renaissance begnügte sich später mit mild schönen, allzu menschlichen Darstellungen. Die rosa Fleischwürstchen der Putti-Engel im Barock zeigen uns eine Bild-Tradition kraftloser Verniedlichung.

Die bildenden Künste zeugen deutlich vom "Decrescendo" des Glaubens an die Engel. Von übermenschlich strahlenden Wesenheiten, von menschlich schönen Jugendlichen sanken sie zu süß-niedlichen Kleinkindern ab, um heute im Nichts zu enden.

Ich begegnete dem Engel in seiner erschreckend hehren Andersartigkeit und gleichzeitig als den mir Nächststehenden, brennend Liebenden. Die Dynamik und Intensität seiner Gefühlswelt übersteigt alle mir bekannten Maße. Seine Empfindungsfähigkeit erfuhr ich wie ein fein gestimmtes Musikinstrument, das unendliche Skalen umfaßt. Die unsere scheint mir im Gegensatz dazu noch eng, dumpf und falsch gestimmt zu sein.

Zu Beginn der Gespräche spürte nicht nur Hanna – die ja dem Engel eng verbunden war – seine Gefühle, sondern auch ich, die Angesprochene, konnte sie ahnend erfassen. Als erstes nahm ich erstaunt sein zögerndes Sich-Hinablassen in unsere menschlich dichte und trübe Atmosphäre wahr. Sollte es dem Engel schwer gefallen sein, mit meinen wässerig-weinerlichen Minderwertigkeitsgefühlen Kontakt aufzunehmen?

FÜR DICH IST DAS EMPORHEBEN SCHWER,
FÜR MICH DAS NIEDERSTEIGEN.   (44)

Dieses Widerstreben des Engels fühlte ich jedesmal wieder, wenn wir in eine gewisse Lauheit zurückfielen. Da gebrauchte er einmal ein unmißverständlich knappes Bild:

DIE KRÖTE SITZT IM WASSER … LAU.
WEDER FISCH NOCH SÄUGETIER.
KRÖTE ODER ENGEL?   (242)

Nun schien es mir, als würde jede seelische Lauheit uns in die Jahrmillionen der Evolution – ins Stadium der Amphibien – zurückgleiten lassen, und ein Schauer vor dem Längst-Überholten lief mir über den Rücken. Das lau-wässerige Element, in dem die Kröte ihren angemessenen Platz im Schöpfungsplan hat, ist für die Seele des Menschen ein regressiver Ort. Das Laue erstickt die sprühenden schöpferischen Impulse. Wie selten werden wir uns des klebrigen Schlammes gewahr, in dem wir bequem dahinvegetieren!

Der Engel ist berufen, uns in das neue Lebenselement, in die Licht-Intensität zu führen, in der er beheimatet ist. Die geringste Lauheit macht dies jedoch unmöglich.

KENNT KEINE SCHONUNG MEHR!
VOR ALLEM FÜR EUCH SELBST!
KEINE LAUEN PFÜTZEN MEHR! (345)
DAS LAUE EKELT *IHN*. (346)

Selbst der "menschlichste" unter unseren Meistern, der sanfte, hilfsbereite "helfende Engel", wurde zum erschreckenden Verächter der Lauheit, als er Lili streng zurief:

DU ABER – DU DARFST NIE LAU SEIN!
SONST WIRST DU HINWEGGEFEGT! (54)

Die unerbittliche Abneigung der Engel allem Lauen gegenüber kam ebenfalls zum Ausdruck, als sie uns über die Macht des ausgesprochenen Wortes und die Wirkung der Gebärden unterrichteten:

ES GIBT NICHTS LAUES MEHR!
JEDER KLEINSTE GEDANKE, JEDES GESPROCHENE WORT
IST WIRKENDE BEWEGUNG. (328)

Im Garten hörten wir die Wildtaube gurren:

DIE WILDTAUBE GURRT UND DAS IST WAHR.
WAS ABER AUS DEM MUND DES MENSCHEN KOMMT,
IST LÜGENGESCHWÄTZ, GEJAMMER, LAUER TROST.
(328)

Mit eindringlicher Deutlichkeit wurde uns klargemacht, daß wir alle dazu berufen sind, zum Brennpunkt der kosmischen Kräfte zu werden. Lauheit ... und intensiv konzentriertes Brennen? Ist das möglich?

EIN LAUES LÄCHELN ZERSPLITTERT DIE SIEBEN SEELEN.
(327)

Es gab noch andere Gelegenheiten, wo ich eine unerwartete Abscheu, ja den ausgesprochenen Ekel der Engel wahrnehmen konnte. Das war, als Lili fragte, was der Spiritismus sei.

ZÄHNEKLAPPERNDES SCHLEIMEN,
GEJAMMER SCHIFFBRÜCHIGER,
DAS IST DER SPIRITISMUS ...
NICHT DIE TOTEN SOLLEN BESCHWOREN WERDEN,
SONDERN DAS EWIGE LEBEN! (164)

Damals fühlte ich, daß es auch lebenssaugende Wesen in untermenschlichen Regionen gibt, und nicht nur die neuen übermenschlichen Dimensionen lebensspendender Wesen: die Engel.

Deshalb belehrte mich mein Meister:

NIMM NICHT AN DER DUNKELHEIT TEIL,
DOCH GIB DAS LICHT IMMER UND IMMERDAR. (133)

21

AUFMERKSAMKEIT

Der sich ständig wiederholende Aufruf des Engels: "Gib gut acht!" – "Sei sehr aufmerksam!" scheint auf eine besondere Aufmerksamkeit hinzuweisen ...

Ja, für mich bedeutet es eine intensive, kreative Aufmerksamkeit.

Ich lernte sie schon früh als Kind kennen, als ich noch alles in Bildern sah.

Ich hatte einst hartnäckige Zahnschmerzen und stellte mir vor: "Ein Feind hat sich in meinen Mund eingeschlichen. Ich will entdecken, wer er ist und wie er weh tut! Dauernd oder plötzlich, dumpf oder stechend, in der Zahnwurzel oder weiter oben ... in einem einzigen Zahn oder auch in seinen Nachbarn?" Ich beobachtete den Schmerz so lange, bis auf einmal nichts mehr zum Beobachten da war: das Zahnweh war weg!

Natürlich verstand ich nicht, wie das geschehen war, wußte aber genau, daß meine Aufmerksamkeit den "bösen Feind" vertrieben hatte.

Seitdem erprobte ich sie wie einen Zauberstab, der erstaunlich wirksam ist.

Also begann ich selbst das Kommen und Gehen der Gedanken mit der Konzentration eines Jagdhundes zu beobachten, der mit gesträubtem Fell das Wild wittert.

Auch malte ich mir gerne kommende Ereignisse recht genau und schön farbig aus ... dann aber vergaß ich sie jeweils bald. Es kam aber oft vor, daß ich später erstaunt ausrief: "Das ist ja genau das, was ich mir ausmalte … und es geschieht jetzt! Genau dasselbe!"

So begann ich allmählich zu verstehen, daß der konzentrierte, gesammelte Gedanke belebend wirkt.

Als ich dann mit sechsunddreißig Jahren den strengen Aufruf hörte: "Gib acht!" – "Sei aufmerksam!" wußte ich sofort, daß der Engel von uns schöpferische Konzentration verlangte.

Ist meine Aufmerksamkeit diffus – so bin ich nirgends. Ist sie gesammelt – so bin ich auf dem Gipfel meiner selbst.

NUR AUF DEM GIPFEL DEINER FRAGEN
FINDEST DU ANTWORT.
ICH BIN DORT. ANTWORTEN KANN ICH NUR DORT.
ALLES HAT SEINEN GIPFEL
UND DER GIPFEL IST DEIN PLATZ.   (241)

Nur auf dem Gipfel meines jeweiligen Gesammeltseins kann die Antwort des Engels meinem Ruf begegnen. Also habe ich mir so manche Mittel ausgedacht, um mich leichter konzentrieren zu können.
Ergibt sich ein Problem, so umzirkle ich es – manchmal zusammen mit meinen Freunden – in immer engeren Kreisen. Und unser gemeinsames leidenschaftliches Interesse wird zu einem Energiepotential, dem selbst mit Eisenbarren verriegelte Tore nicht widerstehen könnten.

Ein anderes individuelles Mittel, die Antwort des Engels auszulösen, ist das Formen des richtigen Wortes für unsere Bitte.

Die klare, knappe Fragestellung ruft ungeahnte Möglichkeiten herab. Ich erlebte es, als ich nahe am "zweiten Tod" unter der

Rollwalze des totalitären Systems plattgedrückt, psychologisch schon beinahe zermalmt war. Ich konzentrierte meinen Lebensmangel, mein aussichtsloses Dahinwelken in Worte … und der Funke entsprang: ein unerwartet lichtvoller Ausweg öffnete sich.

DAS WORT ERSCHAFFT – ES KONZENTRIERT.
DU HAST DEINEN MANGEL AUSGESPROCHEN
UND DER FUNKE KONNTE KOMMEN.   (229)

Unser mit voller Hingabe formulierter Mangel ruft die ergänzenden Kräfte des Himmels herab. Das ist kein schönes philosophisches Paradigma, es ist ein reales, konkretes Gesetz, das ich in aller Greifbarkeit erlebte.
Der Engel sieht deutlich den Mangel in uns, kann ihn aber ohne das bittende Wort unsererseits nicht erfüllen.

Wenn ich heute an die kleinen Entdeckungen meiner Kindheit zurückdenke, so kommt es mir vor, als sei ich, ohne es zu wissen, im "Kindergarten" der Engelschule gewesen. So konnte ich später in "höhere" Klassen eintreten.

Jüngst erlebte ich eine Zeit, in der ich angehalten wurde, ohne jegliche Energie-Verschwendung zu handeln. Der Eingebung folgte ohne jedes Zögern die Ausführung. Es war eine Zeit intensiver, spielerischer Kreativität. Der Impuls zu einem Artikel wurde mir gegeben … schon war ich daran … jede alltägliche Tat erhielt die ihr gebührende Aufmerksamkeit … alles geschah rechtzeitig und leicht fließend.

So war ich meist "leer", um neue Impulse zu empfangen. Selbst die äußeren Umstände kamen mir zur Hilfe und ich sagte mir: "Diese Schulklasse der Aufmerksamkeit fällt mir leicht!"

Plötzlich wurde ich aber heftig ins Gegenteil geschleudert: in die versteinerte Starre, die dennoch dynamische Bewegung bewirkte: ein Autounfall ... beide Arme im Gips ... langfristige Bewegungslosigkeit ... scheinbare Tatenlosigkeit.

Und dennoch lösten sich zu dieser Zeit im weiten Kreise so manche Schicksalsknoten. Da erfuhr ich folgende Worte hautnah:

IHR BRAUCHT NICHT MEHR ZU TUN.
IHR BRAUCHT NICHT MEHR ZU SPRECHEN.
IHR BRAUCHT NICHT MEHR ZU NEHMEN
NOCH ZU GEBEN.
UND DENNOCH KANN DAS NEUE WERDEN.
ERFÜLLT EUCH MIT *IHM*! (290)

ALLES WAS IHR EMPFÄNGT, WIRD SEIN.
EURE TAT IST EMPFÄNGNIS. (291)

Wiederum erlebte ich:
Nie könnte man in der "Engelschule der Aufmerksamkeit" auslernen! Immer neue Perspektiven öffnen sich gleichzeitig mit unseren Fähigkeiten, sie erleben zu können.

Ich setze voraus, daß ich schon im "Kindergarten" lernte, Bilder durch meine Aufmerksamkeit zu beleben.

Werde ich je in die Klasse aufgenommen werden, wo man lernt, die volle Hingabe auf das "Bildlose", auf das Unsichtbare, das Unhörbare zu richten?

UNSICHTBAR IST *ER*.
UNHÖRBAR IST *ER*. (289)
UNSICHTBAR WERDET IHR, WIE *ER*. (290)

25

LAUTLOS IST *ER.*
LAUTLOS IST AUCH DIE LEHRE.
LAUTLOSES KANN NICHT VERDREHT WERDEN.
UNSICHTBARES KANN NICHT DARGESTELLT WERDEN.
SO WIRD *ER* NICHT VERUNSTALTET.   (292)

II. IM NEUEN LICHT

DAS SEHENDE LICHT

Ein Freund sagte mir jüngst:
Es ist mir unverständlich, warum die Engel von Gott, der
doch laut jeder Tradition allsehend und allwissend ist, sagen
konnten: "ER betrachtet sich in euch."
Der Allsehende hat es doch nicht nötig, sich im kleinen, so
unvollkommenen Menschen zu betrachten ...

Ich konnte ihm nur mit einem eigenen Erlebnis antworten,
das mir mit unerklärlicher Gewißheit bewußt machte: "Ja, das
Göttliche betrachtet sich in uns und es scheint mir selbst, daß
wir SEIN irdisches Sehorgan sind." Hier mein Erlebnis:

Abends liebe ich es, Spaziergänge zu machen. Unweit meines
Hauses gibt es eine kleine Hochebene, von der sich eine weite
Sicht öffnet.
Einmal türmten sich Kumuluswolken wie ragende Riesen-
burgen zum Himmel auf. Es schien in diesen Himalajahöhen
starker Wind zu blasen, der die phantastischen Wolkengebilde
ständig umformte, änderte. Nie-vorher-Gesehenes tauchte
auf, um im nächsten Augenblick im Nie-wieder-Sichtbaren
unterzutauchen: ein immer neues Geschehen und Vergehen,
hie und da zartrosa, dann wieder glühend rot von der sin-
kenden Sonne beleuchtet. Atemberaubend schön ... ständig
wechselnd ... ewig neu.
Wie sollte ich mich da nicht an diese Worte erinnern:

DAS EWIGE
IST NICHT DAS EWIG GLEICHE,
SONDERN DAS EWIG NEUE.   (103)

29

Ich stand staunend vor diesem Wundergeschehen, und es war beinahe schmerzhaft, diese Schönheit mit niemandem teilen zu können. Die Bauern hier oben sassen alle beim Abendbrot, und die unten im Tal hatten keine Sicht. Ich allein schien dieses großartige, momentane Schauspiel zu sehen. Da hörte ich plötzlich Worte in mir, die mir vor vielen Jahren gesagt wurden:

DU BIST NIE ALLEIN,
ER BETRACHTET SICH IN DIR ...
SEI ALSO EIN REINER SPIEGEL! (89)

Das war des Engels Stimme in mir, die mir deutlich sagte, daß der Schöpfer jetzt im Spiegel meines Bewußtseins die Formenwelt seiner Schöpfung erkennt, erlebt.

Ohne diesen Spiegel würde der Strom unendlicher Formen, die sich bilden und vergehen, die sich aufbauen und zerstören, blind dahinfließen ... seit Urzeiten dahinfließen, ungesehen ... unerkannt ... unbewußt.

Im Schöpfungsplan aber ist im Herzen des Menschen der Spiegel des Bewußtseins vorgesehen:

EIN WUNDERBARER SPIEGEL IST IN DIR.
DIESER SPIEGEL OFFENBART ALLES.
ER RUHT IN DIR
UND SPIEGELT *IHN*.
JEDOCH NUR, WENN STILLE IST. (82)

Diese Worte lösten damals, als ich sie zum ersten Mal hörte, zwei Bilder in mir aus: Ich sah innerlich einen von Gedankenwellen und Gefühlswogen gepeitschten Wasserspiegel, der ein Zerrbild des Himmels reflektierte ...
und dann einen ruhigen, unbewegten Spiegel, der ein weites,

Daimon Verlag
Hauptstr. 85
CH-8840 Einsiedeln
Schweiz

DAIMON VERLAG

Wenn Sie regelmäßig über unsere Neuerscheinungen informiert werden möchten, senden Sie uns bitte diese Karte!

Name:_____

Adresse: _____

_____

PLZ, Ort und Land: _____

_____

Ausführliche Informationen zu unseren Büchern finden Sie auch auf unserer Internetseite bei **www.daimon.ch**

stilles, wahres Abbild wiedergab.

Jedoch erst jetzt, an diesem Abend auf der weiten Hochebene, erlebte ich:

Der Schöpfende wird sich seiner Schöpfung, und das Geschöpf wird sich seines Schöpfers durch das im stillen Spiegel aufblitzende SEHENDE LICHT bewußt.

Ich erinnerte mich an eine Art Gebet, eine Bitte, die uns der Engel schon vor langem vorgesprochen hatte:

MIT UNSEREN AUGEN SIEH!
MIT UNSEREN HÄNDEN TU!
IN UNSEREM HERZEN SEI! (278)

Ich wußte, daß wir Gottes Hand auf Erden sind.
Wir handeln an SEINER Statt.
Nun aber hatte ich es erlebt, SEIN irdisches Auge zu sein.
Ich glaube, das ist jedem sich im Verwundern vergessenden Menschen gegeben.

DER "COMPUTER" DER ENGEL

Es war vor langem und unter tragischen Umständen, daß ich den "Computer" der Engel kennen lernte.

Der Kommunismus war auf dem Gipfel seiner Macht angelangt. In dieser Zeit großer Bedrängnis geschah es, daß sieben mir liebe Menschen – Alte und Kinder – brutal aus dem Schlaf geweckt wurden ... um 20 Minuten später in einen Staatspolizei-Lastwagen gesperrt und in hilflosester Armut nahe an der Ostgrenze des Landes entladen zu werden. Keine Hilfe schien möglich. Ich rannte zu politisch einflußreichen Freunden. Mitleidiges Achselzucken: Nichts zu machen. Es handle sich um eine politisch unwiderrufliche Verordnung. Unmöglich zu helfen!

Trotz meiner erschöpfenden und verantwortungsvollen Arbeit kreisten meine Gedanken Tag und Nacht um das Engelwort:

NICHTS IST UNMÖGLICH!
UNMÖGLICHES GIBT ES NICHT! (147)
DAS ERKENNEN MACHT ALLES MÖGLICH. (357)

Und ich schrie innerlich zu den Engeln: "Unwiderrufliche Verordnung!... Ihr sagtet doch, daß es nichts Unmögliches gibt ... also ist eine Hilfe möglich!"

Da geschah es, daß mir an einer lärmenden Straßenkreuzung in einem zeitlosen Blitz die vergangenen bedrohlichen Ursachen des Unglücks und die künftigen Rettungsmöglichkeiten simultan gezeigt wurden. All das lag vor meiner inneren

Wahrnehmungsfähigkeit mit einer unglaublichen Menge von Informationen klar ausgebreitet. Dennoch sprang aus dieser Fülle das Wesentliche, die mögliche Rettungstat in die Augen.

Nun war es an mir, das augenblicklich Erkannte in der Zeit zu verwirklichen ... und das "Unmögliche" geschah: die unwiderruflich Deportierten konnten in ihr Heim zurückkehren und wurden nie wieder behelligt.

Ich will mit diesem Beispiel nicht behaupten, daß die erlösende Simultaneität von Zeit und Zeitlosigkeit nur in Momenten großer Not möglich sei. Ich erlebte aber diese "Kreuzung" – ich könnte auch "Kreuzigung" sagen – in tragischen Umständen. In spielerischer Freude ist es wohl ebensogut, wenn nicht gar leichter möglich.

Wenn ich – im Zeitalter des Computer-Triumphes – an mein blitzschnelles Informationserlebnis zurückdenke, scheint mir das heutige Wirken des Computers schneckenhaft langsam, unzusammenhängend und so leicht fehlerhaft ... verglichen mit der zeitlosen Unfehlbarkeit des "Engel-Computers".

Wollte ich jetzt den unfaßbaren Reichtum der von den Engeln erhaltenen Informationen aufzählen, so würde es stundenlang dauern, und dennoch war alles klar übersichtlich und augenblicklich erfaßbar.

Ich habe den leisen Verdacht, daß die Engel damals mit mir einen "Test" der neuen Tat machten, da die Umstände dazu günstig waren: mein Vertrauen auf die Engelhilfe war total, trotz tagelanger anspruchsvoller äußerer Berufsarbeit war ich innen ständig darauf konzentriert und von emotiver Spannung dauernd wachgehalten.

Der Versuch gelang:
Statt lange, horizontale, ineinandergreifende Gedanken-
Ketten in der Zeit: ein vertikaler allumfassender Überblick,
ein Augenblick ohne Zeit. Sollte diese Art der Wahrnehmung
und die darauffolgende sofortige Verwirklichung des Wahr-
genommenen eine neue Art der TAT werden, in der keine
Energieverschwendung mehr enthalten ist?
Nach der blitzartigen "Engelinformation" und der ihr nachfolgenden hellbewußten Tat hatte ich den Eindruck, vorher
im Halbschlaf vegetiert zu haben.

Heute weiß ich, was diesen dösigen Schlaf bewirkt: unser
gewohntes Zögern. Dadurch werden ungeahnte Mengen von
Lebensenergien in den Schutt verschleudert ... in uns entsteht
ein Kraftmangel ... und so bleibt die zu tuende Tat – unsere
Lebensaufgabe – ungetan.

Aber auch rastlose Tätigkeit, die nicht der individuellen Aufgabe dient, ist in der Sicht der Engel Untätigkeit, Schlaf.

FEHLENDE KRAFT IST BLINDHEIT ...
IST SCHLAF.
DER MENSCH SCHLÄFT,
WEIL IHM DIE KRAFT FEHLT.
WAS WÜRDE ER MIT DEM TAG
– DEM NEUEN TAG – BEGINNEN,
HÄTTE ER NICHT DIE KRAFT ZUR TAT?   (117)

Und nicht als Hoffnung, nicht als Wunsch, sondern als
Gewißheit wurde uns angekündet:

DIE NEUE TAT NAHT.   (118)

34

SCHWARZ, WEISS UND GRAU

Ein Freund meines Mannes erstaunte uns oft während unserer angeregten Diskussionen durch seinen brillanten Geist und seine tiefe Kenntnis esoterischer Probleme. Er hatte kürzlich eine spiritualistische Gruppe verlassen, der er viele Jahre lang treu angehangen hatte.

Noch mehr aber erstaunte es uns, in diesem wissenschaftlich geschulten Mann einen tragischen Umschwung wahrzunehmen. Er fühlte sich infolge seiner "Untreue" den einstigen Lehrern gegenüber von ihnen durch manipulierende Magie bedroht.

Mein Mann konnte es kaum glauben: "Wie kann ein solch intelligenter Kopf in solch primitiven Aberglauben fallen? Daß er diese Gruppe verließ, zeugt doch von seinem gesunden Menschenverstand! Wie kann er an diese dunklen Kräfte glauben?"
Da er dem Problem mit allem Ernst auf den Grund ging, hörte er bald die innere Antwort seines Engels:

GLAUBST DU AN DIESE KRÄFTE,
SO ZERREISSEN SIE DICH.

Ich war erschüttert, als ich dies hörte, denn ich sah, wie wunderbar und wie gefährlich unsere Freiheit ist, uns von lichten oder dunklen Kräften bewohnen zu lassen, da unser Glaube offenbar gerade das anzieht, woran wir glauben.

35

Sofort kam mir Lilis Frage in den Sinn, ob wir alle einen inneren Lehrer haben.

WIR BESTEHEN AUS GLAUBEN –
ALLEIN AUS GLAUBEN.
WER GLAUBT – DEM SIND WIR.
DER GLAUBE IST *SEINE* KRAFT.
GLAUBE AN HOHES!
DU KANNST AUCH AN NIEDERES GLAUBEN.
DAS HÄNGT NUR VON DIR AB. (127)

Lili hatte ihren Glauben in helle Kräfte gesetzt, der Freund meines Mannes in dunkle.
Zwischen Schwarz und Weiß existieren aber unendlich viele Schattierungen von Hellgrau bis zu Schwarzgrau.
Wo beginnt das Reich lichter, und wo das dunkler Kräfte?

Wie könnten wir mit unserer Kurzsichtigkeit scheiden zwischen den verblendenden Ködern falscher Gurus ... und der oft unerklärlichen Anziehung des wahren Lehrers?

Wie könnten wir mit unserem unsicheren Herzen scheiden zwischen dem gerechtfertigten Wunsch, unseren dahingegangenen Lieben zu helfen ... und ihrer sehr zweifelhaften Anrufung?

Wie könnten wir mit unserem Erfahrungsmangel scheiden zwischen der Tendenz mancher Verstorbener, aus unvollendetem Lebensauftrag in die Bewußtseinswelt der hier Lebenden einzudringen ... und der Liebeskraft Abgeschiedener, die uns wahrlich helfen?

Wie könnten wir mit unserer naiven Leichtgläubigkeit oder unserem sturen Vorurteil scheiden zwischen dem Wert automatischen Schreibens ... und einer Botschaft, die wir mit hellem, klaren Bewußtsein empfangen?

Ich konnte meine Liste von Fragen nicht einmal beenden, als schon das Engelwort deutlich vor meinen Augen stand:

SOLLTEST DU SCHNEIDEN –
UND KANNST ES NICHT,
SOLLTEST DU WÄGEN –
UND WAGST ES NICHT,
SO RUFE IHN:
MICHAEL, GIB KRAFT! (360)

Ich weiß noch gut, wie überrascht ich das erste Mal auf diese Aussage reagiert hatte.
Michael, wer ist das?
Im Laufe der Zeit lernte ich infolge vieler einschneidender Erfahrungen die ungeahnte Wirkkraft dieses großen Engels kennen. Sein Name "Michaël", der in hebräisch bedeutet: "Wer ist wie ER?" läßt mich die intensive Lichtkraft ahnen, die von ihm ausgeht. Ein Lichtschwert, das klar zu trennen weiß; eine haargenaue Waage, die das Emporhebende vom Niederziehenden scharf unterscheidet. Ich war beruhigt. Nie sind wir dunkeln Kräften blind ausgeliefert. Der große Lichtengel gibt uns seine unfehlbare Entscheidungskraft, wenn wir ihn anrufend darum bitten.

---

* Siehe auch das Kapitel "Der große Beschützer" in *Weltenmorgen*, 1989, S. 83 ff.

37

PERSPEKTIVEN

Ich möchte nochmals mit einigen Worten auf die oft erwähnte Pädagogik der Engel zu sprechen kommen. Knapp gesagt, bezweckt sie immer intensiveres Bewußt-Seins-Licht. Der vorgeschichtliche Mensch war sich nur *dumpf* bewußt. Der Mensch von heute ist sich nur *halb,* nur seiner einen Hälfte bewußt. Der kommende MENSCH wird sich seiner *ganz* bewußt sein, und die Engelpädagogik zielt stets auf dieses *ganz-heitliche* Bewußtwerden, auf *göttlich-menschliches* Bewußtsein hin. Die siebzehn Monate der Engelgegenwart, die ich erlebt habe, scheinen mir ein Versuch gewesen zu sein, wie wir gewöhnliche Menschen immer intensivere Bewußtseins-Frequenzen ertragen können. Als Lili einmal sagte, sie mache nicht genug Versuche in ihren Kursen, war die Antwort diesbezüglich verblüffend:

NICHT *DU* MACHST VERSUCHE;
MIT *DIR* WERDEN VERSUCHE GEMACHT.   (186)

Durch immer neue Licht-Impulse wurden wir stimuliert, bewußt die maximale Lichtfrequenz unseres Menschseins erreichen zu können, die sich der minimalen Licht-Frequenz des Engels einen kann. Es galt aber, außerordentlich zähe Hindernisse zu überwinden: die rückwärts ziehenden Kräfte. Unsere Zellen sind von Vergangenheits-Informationen angefüllt, die uns im Altgewohnten festhalten. Wir waren wie gekreuzigt: einesteils der Sog ins Überlebte, in die sterile Vergangenheit, genährt von der *Furcht* vor dem Neuen,

Unbekannten … anderseits aber die unwiderstehliche *Anziehungskraft* des neu Belebenden, des neu zu Entdeckenden.

EINE WAHRHAFT NEUE WELT ERSCHLIESST SICH EUCH.
ABER WEHE, SCHAUT IHR ZURÜCK!
DAS ALTE, VON DEM IHR MEINT,
ES SEI KLEIN, SEI LEICHT, SEI NICHTS,
WIRD IM NEUEN ZU EINEM BERG AUS BLEI
UND DAS WÄRE EUER ENDE.   (109)

Das war erschreckend: alles Alte, nicht mehr Lebensnötige
ist zu verlassen, um zum neuen Bewußt-Sein gelangen zu
können. Erschreckend und dennoch dynamisierend. Das
Wesen der Engellehre ist dynamisch … ist ständiges "sich-
selbst-Überschreiten".

WAS IHR BIS JETZT ERHALTEN HABT,
IST FUNDAMENT, IST VORBEREITUNG.
… NUR DIE HÄLFTE DER NEUEN LEHRE.
ERST NACH IHR KOMMT DIE *LICHT-LEHRE*.   (379)

Erst viele Jahre nach dem "Versuch" der Engel wurde mir
bewußt, was das Wort der Engel in jedem von uns *vorbereiten*
und bewirken kann:

Wir suchten … und wir werden gefunden.   (35)
Wir baten für uns selbst …
und werden zu Fürsprechern der ganzen Schöpfung. (188)
Wir waren Blume … und werden Frühling.   (104)
Wir waren selbstbezogen … und werden allbezogen.
Wir bleiben im Ver-stehen stehen …
und werden im Erkennen immer weiterschreiten.   (338)
Wir waren in der Zeit verstreut …   (236)
und werden im "Jetzt" gesammelt.   (38)

Wir waren vom "ich muß" gelähmt …
und werden zum schöpferischen "Es sei!" befähigt.   (225)
Wir waren Träumende …
und werden zu Erweckenden.   (277)
Und all dies ist laut dem Engel nur Vorbereitung
für die Lichtlehre!

NICHT … NOCH NICHT

Während einer Leserbegegnung sagte eine junge Frau schüchtern:
Ich empfinde oft Sympathie für andere … könnte aber nicht behaupten, sie zu lieben … nein, Liebe empfinde ich eigentlich niemals.

Der eine sagt: "Ich kann nicht lieben", der andere: "Ich kann mich nicht freuen", der dritte: "Ich kann nicht an Unsichtbares glauben", und der vierte: "Das Leben hat keinen Sinn, ich kann ihn nicht finden"…

So wiederholen wir endlos die alte Litanei des Negativen und nehmen nicht wahr, daß sie uns immer negativer macht.

Mit meinen vielen "Ich kann nicht…!", "Ich bin nicht…!", "Ich habe nicht…!" verurteile ich mich selbst. Woher nehmen wir die Unverfrorenheit, uns zu beurteilen? … zu verurteilen?

IHM ALLEIN STEHT DAS URTEIL ZU.   (160)

Deshalb antwortete ich der zurückhaltenden Fragerin:
"Weißt du, wozu du berufen bist? Vielleicht weißt du es *noch nicht.*
Du bist aber eine sich nie wiederholende Idee des Schöpfers, und die dir auf Erden anvertraute Aufgabe ist ebenso einzigartig wie du selbst. Du bist ein mit keiner anderen Zelle vergleichbarer Teil im großen göttlichen Körper, und ER weiß, wozu du geschaffen bist. Du, du weißt es nur *noch nicht.*"

41

SEID VOLLKOMMEN,
SO WIE DER SCHÖPFERISCHE SINN
EUCH VOLLKOMMEN ERSANN. (404)

Du bist wie ein Kind. . . ein *noch nicht* vollendeter Mensch,
noch im Wachstum begriffen.
Du selbst nimmst an deinem Wachstum aktiv teil auch durch
das Wort.

Sagst du: "Ich kann *nicht* lieben!", so tötest du den kleinen
Keim der Liebe, der in dir wachsen wollte.
Sagst du hingegen vertrauensvoll: "Ich kann *noch nicht*
lieben", so geht etwas in dir auf, und dieses innere Licht ist
es, das den Keim wachsen läßt.

Sagst du: "Ich kann mich nicht freuen", so verriegelst du der
Freude die Türe.
Sagst du aber: "Ich kann mich *noch nicht* freuen", so öffnen
sich verschlossene Tore: Perspektiven unbekannter Heiterkeit
werden frei.

Sagst du: "Ich kann an Unsichtbares *nicht* glauben", so bleibst
du blind. Das Wort: "Ich kann Unsichtbares *noch nicht* sehen"
traut dir die Möglichkeit zu, es allmählich zu schauen.

"Das Leben hat keinen Sinn" könnte sich in: "Ich habe den
Sinn *noch nicht* gefunden" wandeln, und das schöpferische
Wort selbst hilft nun bei der Suche.

Ersetze das "*nicht*" durch das "*noch nicht*", und pflege es – so
wird dein Leben schöpferisch und so gestaltest du dich um.

DAS WORT ERSCHAFFT – ES KONZENTRIERT.
SPRECHT IHR AUS: "ES SEI!" – SO WIRD ES SEIN.
SPRECHT IHR NICHTS AUS – WIRD NICHTS SEIN. (229)

42

Es gibt noch keinen FRIEDEN auf Erden, weil es den MENSCHEN noch nicht gibt.

Es gibt noch keine FREUDE auf Erden, weil der MENSCH noch nicht vollendet ist.

UNGLAUBLICHES beginnt dennoch auf Erden zu wirken, denn der MENSCH formt sich *schon*.

Wir sind *noch nicht* mit unserem Engel vereint; die Möglichkeit dazu ist aber *schon* da.

Nicht … verneint das Lebende,
noch nicht: vertraut dem Leben.
Nicht … lähmt,
noch nicht: gibt Flügel.
Nicht … verdammt sich selbst,
noch nicht: ist erlösende Bewegung.
Nicht … ist Feigheit,
noch nicht: Bereitschaft.
Nicht … engt ein,
noch nicht: öffnet neue Dimensionen.
Nicht … ist dunkle, alte Nacht,
noch nicht: der unbekannte Morgen."

III. STRUKTUREN

ORIENTIERUNG

Ein guter Freund sagte mir kürzlich:
Ich lese das Buch Die Antwort der Engel *seit seinem Erscheinen, muß dir aber gestehen, daß mir das Schema der sieben Weltenkräfte trotz der Erklärungen ziemlich rätselhaft bleibt.*

ERSCHAFFENE WELT   ERSCHAFFENDE WELT

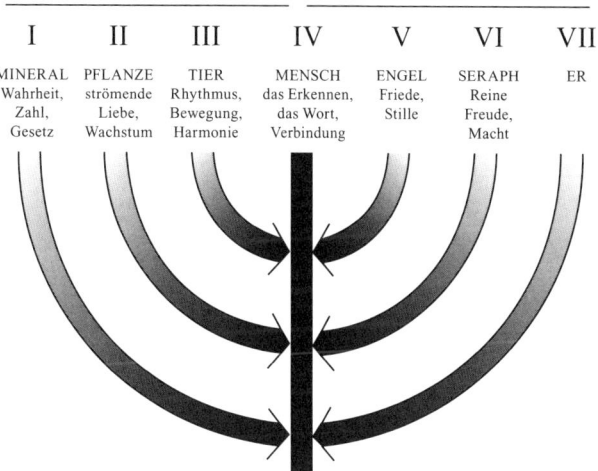

I	II	III	IV	V	VI	VII
MINERAL	PFLANZE	TIER	MENSCH	ENGEL	SERAPH	ER
Wahrheit,	strömende	Rhythmus,	das Erkennen,	Friede,	Reine	
Zahl,	Liebe,	Bewegung,	das Wort,	Stille	Freude,	
Gesetz	Wachstum	Harmonie	Verbindung		Macht	

Ich werde versuchen, es dir auf eine andere Art darzustellen. Mit der Hilfe von Farben und aufeinanderfolgenden Erklärungen ist der Sinn für dich vielleicht leichter zu erfassen.

Die sieben Stufen

JEDE STUFE DES SEINS IST EINE SEELE.
DIE SIEBEN VEREINT: DER MENSCH.   (280)

Die *rote* Farbe des Schemas bedeutet die materielle Welt;
die *blaue* die geistige Welt.

DREI SIND DIE ERSCHAFFENE WELT.
DREI DIE ERSCHAFFENDE WELT.
IN DER MITTE IST DIE BRÜCKE,
DIE NICHT DER VERSTAND IST.
AUF STEIN, GRAS, UND PFERD
FOLGT NICHT DER MENSCH,
DENN DER MENSCH IST DIE
VEREINIGUNG DER SIEBEN.   (95)

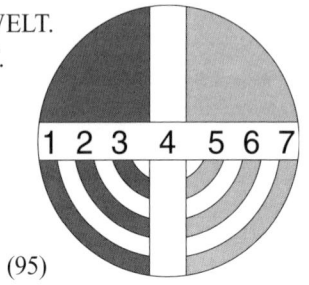

Die drei großen Bereiche der Mineralwelt, der Pflanzenwelt
und der Tierwelt ("Stein", "Gras", "Pferd") mit ihrer inneren
Struktur, Wesenheit und Dynamik bilden nicht nur die
materielle Welt, sondern auch unsere körperliche, konkrete
Basis, die mit der geistigen Welt verbunden werden will. Erst
wenn die materiellen und geistigen Kräfte zusammenströmend
vereint werden, sind wir *Menschen* in unserer ganzen Fülle.
Ja, aber was hindert uns daran, diese Fülle zu leben?

Der Abgrund

Der dunkle Abgrund, die Trennung zwischen Rot und Blau
im Bereich der *vierten* Lebensstufe bedeutet eine noch
unbewußte, noch nicht gelebte Lebensmöglichkeit. Der Engel
spricht von dieser Lücke wie von einer Kluft ohne verbindende
Brücke. Die Aufgabe des Menschen ist dementsprechend, die
Brücke zwischen Materie und Geist zu werden.

DIESER SPALT,
DIESER DUNKLE ABGRUND,
DER WAR, DER IST,
DER ABER NICHT SEIN WIRD,
IST AUCH IN DIR.
ERSCHAFFENE WELT –
ERSCHAFFENDE WELT,
ZWISCHEN DEN BEIDEN DIE KLUFT.
GIB ACHT!
DU SELBST BIST DIE BRÜCKE.   (93)

Wo ist der Abgrund in mir? Jedesmal, wenn das Gleichgewicht
zwischen Licht und Materie, zwischen Geist und Körper
gestört ist, gibt ein Leiden das Alarmsignal, wo die Tiefe zu
überbrücken ist.

Zu viel Rot

Meistens sind mehrere Entwürfe nötig, damit ein Meisterwerk
entstehe. Ein Lebensentwurf, bei dem ich *nur für* die Materie
und *in* der Materie lebe, ist unvollständig und letztlich fruchtlos:

IN DIE MATERIE VERSINKEN –
IST TOD.
DIE MATERIE RUFT DEN GEIST.
DER GEIST KNETET DIE MATERIE.
DAS ZIEL IST DIE VEREINIGUNG.
OHNE DIE VEREINIGUNG
LEBT NICHTS.   (326)

Wo ist in mir zu viel Materie?
Wo bin ich zu schwer, zu voll, wo häufe ich an?

49

Zu viel Blau

Eine andere Skizze, wahrscheinlich ebenso unbrauchbar wie die "zu Rote", ist der Mensch, der die Materie vernachläßigt, ja verachtet, um sich in den Geist zu verflüchtigen.

IN DEN GEIST ENTSCHWEBEN – IST GEWESEN.   (326)

Nur zu oft meint man, Evolution sei wie eine vertikale Linie, bei der man in immer weniger materielle Sphären aufsteige, um sich im immateriellen Geist aufzulösen. Die Lehre der Engel ist anders, ganz anders:

DAS ZIEL IST NICHT OBEN
UND NICHT UNTEN,
ER WOHNT NICHT OBEN
UND NICHT UNTEN.
OBEN UND UNTEN SIND NUR TEIL.
SEIN PLATZ IST DAS GANZE.   (326)

Wie könnte ich diese Ganzheit in mir verwirklichen?

Die zusammenstrebende Dynamik

Mit dieser Frage sind wir im Herzen selbst der ganzen Engel-Lehre. Die Evolution findet nicht in einer aufsteigenden Linie statt. Nein, sie konzentriert sich in der *Mitte* der Schöpfung, im MENSCH gewordenen Menschen.
Er ist der Brennpunkt aller Kräfte. Er ist der Ort, wo sich die Gegensätze liebend einen werden. Die Pfeile im Schema wollen die unwiderstehliche Anziehung von Rot und Blau, vom immateriellen Licht und dem materiellen Gewicht veranschaulichen.

KÖNNTET IHR DIE SEHNSUCHT
DES GEWICHTES
NACH DEM LICHT ERFASSEN,
KÖNNTET IHR DIE SEHNSUCHT
DES LICHTES
NACH DEM GEWICHT ERAHNEN,
SO WÜRDET IHR DEN RAUSCH
KOSTEN.
DER RAUSCH IST DAS HEILIGSTE.   (68-69)

Wenn ich mich dem Leben in seiner ganzen Fülle öffne, werde auch ich einst diesen Rausch erleben, wo alles in Erfüllung vereint pulsiert?

KONZENTRATION

Die drei weiteren Schemas zeigen verschiedene Phasen der Anziehung materieller und immaterieller Weltenkräfte zur Mitte, zur *Vier.* Diese Annäherung findet in immer engeren konzentrischen Kreisen statt, um letztlich in einem einzigen Punkt – im Menschen – zu enden.

DIE SIEBEN KRÄFTE MÜNDEN IN EINEN PUNKT.
FEHLT EINE EINZIGE KRAFT,
SO SCHLÄGT DIE WAAGE AUS.   (253)

Der erste Kreis ist: 1 + 7.

Die siebente, die immateriellste Kraft,
durchdringt die materiellste,
das Mineral.
So wird das Licht greifbar,
be-greifbar,
und die Materie lichtstrahlend.

51

WAS OBEN IST, IST UNTEN.
WAS UNTEN IST, IST OBEN.
ERDE UND HIMMEL SIND EINS. (324)

Der zweite Kreis: 2 + 6.

Die sechste Kraft, das Licht der Seraphim,
durchtränkt die Welt der Pflanzen,
die sich nach dem Licht sehnen;
und die strömende Kraft
des Wachsens, der Liebe
erfüllt das Licht mit zarter Wärme:

LIEBE (II) OHNE LICHT IST NICHTS.
LICHT (VI) OHNE LIEBE IST NICHTS.
NUR VEREINT SIND SIE WIRKSAM. (21)

Der dritte Kreis: 3 + 5.

Die fünfte Kraft, die der Engel,
harmonisiert die Bewegung des Tieres ...
und die stille, geistige Intuition findet im
Instinkt eine körperliche Verwirklichung.

BEWEGUNG (III) UND FRIEDE (V) VEREINT. (319)

So dient der Mensch in seiner Ganzheit und wird zur "Brücke":

DER ENGE KREIS
SCHLIESST SICH JETZT.
VON DIESSEITS UND VON JENSEITS
BERÜHREN SICH DIE ZWEI HÄNDE,
UND KEINEN RAUM GIBT ES MEHR
ZWISCHEN IHNEN.
UND SO GIBT ES NUR NOCH
DIESE DREI.

DIE VIER IN DER MITTE:
HIMMEL UND ERDE VEREINT,
SCHÖPFER UND SCHÖPFUNG VEREINT,
NICHT MEHR SIEBEN: SONDERN EINS.   (319)

All das ist keine abstrakte Theorie. Es geschieht in uns, in unserem bewußt gewordenen Körper, unserem Sein.

Daraufhin sagte mein Freund:

Das Schema der sieben Lebensstufen ist mir jetzt viel klarer, aber es läßt mich kalt. Ich bin weder eine mathematische Formel, noch ein geometrisches Modell.

Was mich einzig und allein interessiert, ist, wie ich als Mensch, der im täglichen Leben steht, dem Licht begegnen kann.

Nach einer körperlichen Reifeperiode wirst du fähig, eine körperliche Liebe zu erleben.

Nach einer seelischen Reifeperiode wirst du fähig, eine universelle Liebe zu erleben.

Sie beginnt mit ruhelosem Suchen. Suchen nach was? Vielleicht wirst du es den "Sinn des Lebens" nennen oder aber "eine dich leidenschaftlich erfüllende Aufgabe" … vielleicht auch: "Liebe, die nicht mehr enttäuscht".

Das Schema ist nichts anderes als eine praktische *Orientierungstafel,* damit du nicht zu viele, unnötige Umwege machst.

Eines ist wichtig zu wissen: Nur wenn dein Suchen die dir mögliche maximale Intensität erreicht, kann der Funke entspringen. Der Strom zwischen dir und deinem "Ebenbild im Licht" wird dadurch geeint.

Und da, nur da, beginnt dein universeller Liebesroman.

Da, nur da, findet der Liebes-Akt der zwei Gegensätze in dir statt, und du selbst bist die Hochzeitskammer,

du selbst bist der oder die Liebende,
du selbst bist die oder der Geliebte.

Die LIEBE aber ist die unfaßbare Sehnsucht nach Einheit.

Du bist das einzige Wesen der Schöpfung, das vollbewußt und simultan den Liebesrausch des gegenseitigen Durchdringens von Licht und Materie erleben kann.

Durch den Liebesakt wird das "neue unsterbliche Kind" geboren, dessen Körper Licht-Materie ist.

So wird ein Wunderwerk der Schöpfung geboren:

und du selbst bist es.

"DAS KLEINE ICH"

Ich habe mich aufrichtig in vielen geistigen Disziplinen geübt, aber es ist mir nie gelungen, mich meines kleinen Ichs zu entledigen ...

Welches Glück, daß Sie sich seiner nicht "entledigen" konnten! Und wenn das Ich ein unerläßlich wertvoller Bestandteil ihrer Entwicklung wäre? Sie hätten ihr eigenes Wachstum ja endgültig verstümmelt!

In Budaliget verstand auch ich die wertvolle Bedeutung des Ich noch nicht. Ja, ich war damals noch so borniert, daß es mir der Engel dreimal erklären mußte, bevor ich es erfassen konnte. Er tat es mit wahrhaft "engelhafter Geduld". Das erste Mal sagte er mir:

AN EINEM ENDE *ICH* ...
(dem folgte eine Geste, die nach unten wies)
AM ANDERN ENDE *ES*.
ZWISCHEN DEN BEIDEN – *DU*.

Ich fragte mich erstaunt, wer dieses *"es"* wohl sein könnte, und der Engel antwortete sogleich:

DEIN "KLEINES ICH". (21)

Ich war verblüfft. Wie? Der Engel interessiert sich für dieses verachtenswerte kleine Ego? Laut aber sagte ich etwas

55

heuchlerisch: "Das *'kleine Ich'*, das kenne ich nur zu gut! Dich aber kenne ich nicht genug!"
Die Antwort war schneidend:

TÖRICHTES KIND! (21)

Hanna erklärte mir später, was diese Worte alles ausdrücken wollten: "Woher nimmst du dir das Recht, in deiner anmaßenden Unwissenheit Urteile zu fällen! Kennst du auch nur eine einzige Zelle deines Körpers? Du kennst dein *'kleines Ich'* ebenso wenig, wie du mich kennst"!

ICH UND ES SIND VEREINT IN DER AUFGABE.
TRENNE NICHT, WAS EINS IST.
URTEILE NICHT! (38)

Ich verstand damals nichts von diesen so durchsichtig klaren Worten.
Warum? Heute scheint es mir, daß unser instinktives Sein durch Jahrhunderte hindurch unterdrückt, ja verflucht wurde, und daß dieses fatale Erbe auch mein Verständnis verdunkelte. So mußte mich mein Engel erneut zurechtweisen, als ich nach einiger Zeit dieselbe negative Litanei wiederholte:

"Wie könnte ich mich von meinem *'kleinen Ich'* befreien? Ich verachte es!"

INDEM DU ES *NICHT* VERACHTEST!
DU VERACHTEST ES, WEIL DU ES FÜRCHTEST.
ES BELEHRT DICH EBENSO, WIE ICH DICH BELEHRE!

LERNST DU, DAS "VERFLUCHTE" ZU LIEBEN,
SO FINDEST DU DEINEN PLATZ. (38)

Noch immer blieben mir diese Worte verschlossen. Ich war

zu stumpf. So mußte ich noch einen dritten Verweis erhalten, als ich stur wiederholte: "Wie kann ich es vermeiden, nicht in die kleine Person, in das *'kleine Ich'* zu fallen?"

DU KANNST IN DAS *"KLEINE ICH"* NICHT FALLEN,
DENN DU BIST DARIN. IHR ALLE SEID DARIN.
DAS *"KLEINE ICH"* IST EUER GRÖSSTER SCHATZ.
NICHT VERLASSEN, *ERHEBEN* SOLLT IHR ES.
WELCH WUNDER, DIE PERSON!
SEIT ENDLOSEN ZEITEN WIRD SIE GESTALTET,
UND DU, TÖRICHTES KIND, VERACHTEST SIE !
TÖRICHTE! BIST DU EIN WAHRER HERR,
SO IST SIE EIN GUTER DIENER.   (102)

Endlich ging mir ein Licht auf. Ich erkannte die unerläßliche Wichtigkeit des Ich, so es auf dem ihm bestimmten Platz wirkt. Wie so viele Generationen vor mir hatte auch ich den Fehler begangen, mein Ich geringzuschätzen und zu unterdrücken. Jetzt aber fragte ich mich, wie ich ein guter Herr werden könnte, der es zum treuen Diener werden läßt. Da erinnerte ich mich plötzlich an ein liebreiches Engelwort, daß mich immer aufgemuntert hatte. Oft hatte mich der Engel *"mein kleiner Diener"* genannt.

Was würde geschehen, wenn ich zu meinem *"kleinen Ich"* mit gleicher Zuneigung spräche? Ich begann auf seine Ansprüche zu horchen. Ich ermutigte es: "Du weißt, wir stehen vor einer nicht leichten Aufgabe. Ohne deine Hilfe könnte ich sie nicht bestehen!"

Oder auch: "Du bist heute schlechter Laune? Verzeihe mir, daß ich dich seit einigen Tagen ein wenig vernachlässigt habe." So wurde das *"kleine Ich"* mein treuer Weggefährte. Es hilft mir oft eifrig in meiner Aufgabe, gut wissend, daß ich sie allein nicht vollbringen könnte. Es ist nun an seinem richtigen Platz und fühlt sich wohl.

Unsere gute Beziehung zum *"kleinen Ich"* entsteht, indem man es anerkennt, es personifiziert, und zu ihm wie zu einem intelligenten Kinde spricht. Es kann ein unersetzlicher Gesprächspartner werden, ja, es kann so manche Probleme lösen.

DAS DYNAMISCHE GEHEIMNIS

Als Kind liebte ich es, mir vor dem Einschlafen kühne Abenteuer auszumalen. Mein Lieblingsthema war das "Haus der Geheimnisse", das sich in fast unerreichbaren Höhen des Himmels befindet. Es zu betreten, war strengstens verboten. Mächtige Wächter hüteten es. Trotzdem gelang es mir jeweils, mich hineinzuschleichen und zum "Weißen Gang" zu gelangen. Rechts und links davon waren Türen, hinter denen je ein Geheimnis sichtbar wurde. Ein Geheimnis war jeweils der Schlüssel zum nächsten, es ging um *einen zu entdeckenden Zusammenhang!* Ich öffnete eilig eine Türe nach der anderen, warf einen Blick auf die Geheimnisse und rannte dann so schnell davon, daß mich die Wächter nicht erwischen konnten.

Ich war erwachsen, als der Engel mir von einem großen Zusammenhang sprach, und ich fühlte mich wie früher im "hohen Himmel":

DER EWIG WIRKENDE WIRKTE DAHIN,
DASS EIN JEDER SEINEN LEITER HAT.
SIEBEN GEISTESFLAMMEN LEITEN EUCH …
ICH GEHÖRE ZU DEN SIEBEN,
ABER AUCH ÜBER MIR STRAHLT EIN LEITENDER.

Dann aber wandte er sich zu mir, und ich war glücklich wie das Kind im *"Hause der zusammenhängenden Geheimnisse":*

DIESE BOTSCHAFT IST FÜR DICH,
DENN DAS HAT DEIN HERZ GEFRAGT.

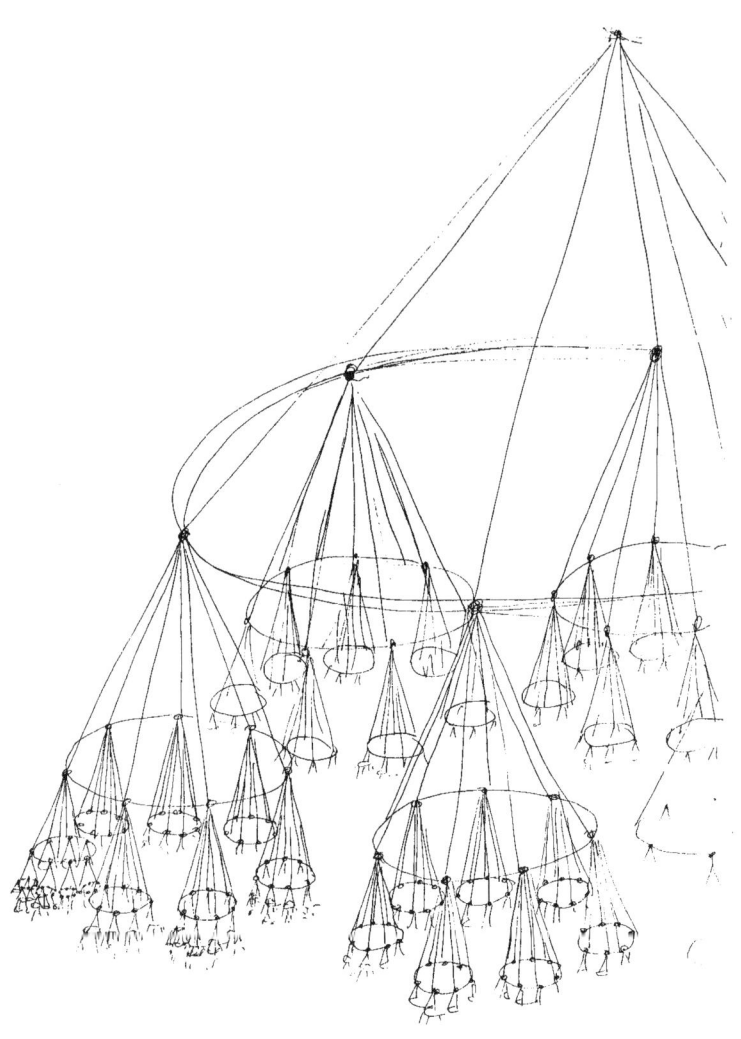

60

ALLES LEBENDE BESTEHT AUS SIEBEN FLAMMEN,
UND ÜBER JEDER SIEBEN EINE SPITZE, EIN LEITENDER.
FÜR SICH ALLEIN IST DIESER LEITER NICHT VIEL WERT.
ER IST IN EINEM KRANZ VON NEUEN SIEBEN,
MIT EINER NEUEN KRONE.
SO KENNT JEDE FLAMME SOWOHL DAS HERRSCHEN
WIE DAS DIENEN.   (392)

Wie konnte ich diese Vielfalt gegenseitiger Einwirkung klarer erfassen? Es war mir unmöglich, sie zu überblicken und so versuchte ich, sie meiner inneren Wahrnehmung entsprechend graphisch darzustellen.

Ich hatte bei den Worten des Engels ein Bild erblickt, aber nicht wie eine innere Photographie, die ich nachher leicht nach außen hätte projizieren können. Es war eine innere *Wahr-nehmung,* für die ich die wahre äußere Form zu finden hatte. Eine erste Skizze … nein, das ist es nicht!… eine neue Zeichnung … hier stimmt es noch immer nicht!… und dann auf einmal, wie ein "Klick!"… jetzt sitzt es! Das von mir innerlich Wahrgenommene war dargestellt. Viele Jahre später fand ich in den Aufzeichnungen Hannas eine kleine, verblaßte Rand-Skizze. Sie zeigte genau dasselbe.

Das nachfolgend aufgezeichnete Lebenssystem ist offen nach oben so wie nach unten: hier beginnt das Größte und das Kleinste: das Undarstellbare. Das ganze aber ist das Mysterium des *einen* Lebens, und das ist bildlos.

Darstellbar ist lediglich das wunderbare Adernetz-System, in dem die Lebensflut und die Lebensebbe auf- und niederströmt … falls wir das Strömen nicht behindern.
Der Materialist ist ein "Verkehrshindernis" nach oben.
Spirituelle Lehren, die das Körperliche verachten oder sogar

kasteien, sind "Verkehrshindernisse" nach unten – vielleicht sogar tödliche Verkehrs-Thrombosen …

Das vom Engel erwähnte *"Herrschen"* und *"Dienen"* kann ebenfalls strömungsfördernd oder strömungshemmend sein.

In meinem Lebenskreis bin ich mit solchen Menschen eng verbunden, die an einer gleichen Aufgabe wie ich selbst frei und individuell mitwirken. Jedes dieser menschlichen Kräftezentren dient auf seine eigene Art. Der Leiter über uns filtert die zur Aufgabe nötige Licht-Kraft in dem uns erträglichen Maße weiter. Nun wird es unsere Aufgabe, die erhaltene Licht-Kraft auf alle Lebenskreise, deren Zentren wir sind, weiterzufiltern. So ist ein jeder von uns über sieben Lebenskreise verantwortlich, die das Erhaltene wiederum weiterstrahlen. Unübersehbare Vielfalt des Einwirkens! Über ihr eigenes Weiterstrahlen sagten die Engel zu uns:

DAS LICHT, DAS WIR GEBEN,
WIRD ZWEIMAL GEDÄMPFT,
DENN ES IST SO STARK,
DASS DIE WELT IN FLAMMEN AUFGINGE.
WIR FILTERN ES MIT UNSEREN FLÜGELN.
ERHEBT EUCH! FILTERT ES WIEDER!
NUR SO KANN DAS LICHT KOMMEN.   (245)

So werden immer neue Lebenskreise belebt, sie entfalten sich, und es entstehen immer neue, blumenhaft organisierte Lebensfelder mit sehr klaren Interaktionszonen. Aber *alle* Lebenskreise werden durch den Wechsel von Flut und Ebbe der aufsteigenden und niederströmenden Lebenskräfte harmonisch genährt und gefördert.

Die freie Zirkulation der Lebensimpulse scheint mir der Schlüssel des großen Geheimnisses zu sein, den ich schon als

Kind naiv suchte. Ich habe aber den leisen Verdacht, in der Sicht der Engel heute ebenso naiv zu sein wie das damalige, abenteuerlustige Kind.

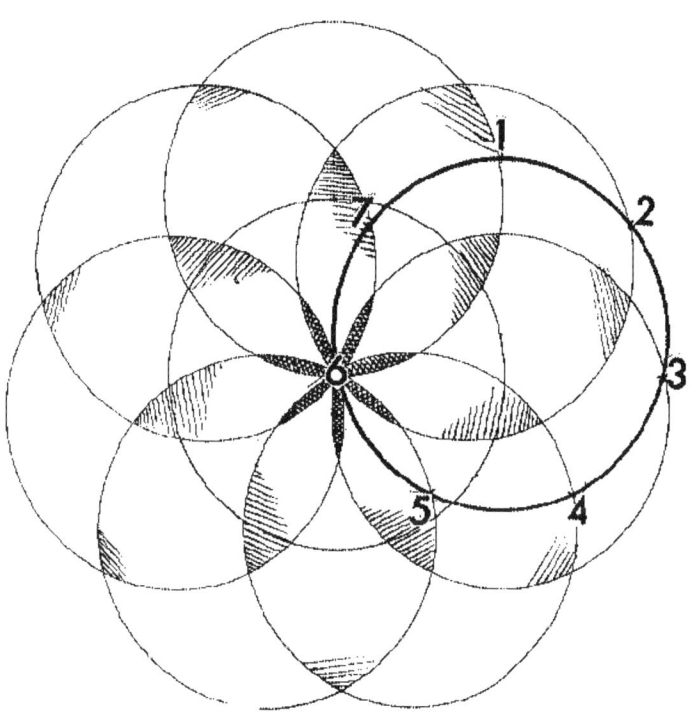

IV. ALT – NEU

DIE NOCH WORTLOSE SPRACHE

Hanna sagte mir öfters, daß sie während der Gespräche mit den Engeln "übersetze". Sie übertrug noch fast *ungreifbare Begriffe* in Worte unserer Sprache, um sie uns *begreiflich* zu machen. Wenn sie manchmal nach den Gesprächen meine Aufzeichnungen durchlas, kam es vor, daß sie ein Wort durch ein anderes ersetzte, welches ihr entsprechender schien. Trotzdem blieb sie oft unbefriedigt und meinte: "Neue Worte wären nötig…"

Ich fühlte dieses Verlangen nach neuen Worten ebenfalls, als ich später die Engelbotschaft in andere Sprachen übersetzen half.

Ich wurde mir etwas entsetzt bewußt, wie unvollkommen, ja wie irreführend unsere menschlichen Sprachen sein können, wie abgegriffen und stumpf viele Worte durch oberflächlichen Gebrauch geworden sind.

Gleichzeitig sah ich, wie kompliziert und abstrakt die Begriffe sind, die nicht mehr von lebendiger Erfahrung durchpulst werden. Damals erst erfaßte ich diesen Aufruf des Engels:

NEUE WORTE MÖGEN GEBOREN WERDEN!
EINFACHE WURZELHAFTE WORTE.
JA, JA – NEIN, NEIN.
KEIN VIELLEICHT, KEIN LAUWARMES MEHR!
WORTE SIND FLÜGEL, DIE ERHEBEN UND ERSCHAFFEN.

(170)

Eine *lebens-durchpulste* Sprache von klarer Eindeutigkeit wird erst zu einer schöpferischen Kraft. Es gilt, im halbdunklen Dschungel unserer diffusen Gefühle das Klare und Einfache zu finden, zu formulieren, statt sich in fruchtlosem philosophischem, psychologischem, religiösem und esoterischem Jargon zu verlieren. Was aber ist zudem mit den "neuen Worten" gemeint? Wo sind sie zu suchen? Der Engel gab uns auch dafür einen untrüglichen Wegweiser: die neuen Begriffe sind *jenseits der Gegensätze*. Dort ist die neue Sprache zu finden.

Wir erwähnen oft automatisch Gegensätze wie etwa *Leben und Tod*. Da kommen wir der irreführenden Sprache schon auf die Spur: Nicht *Leben und Tod* sind Gegensätze, sondern *Geburt* und Tod. Sie sind rhythmischer Pulsschlag des einen, gegensatzlosen Lebens.

GEBURT UND TOD SIND EIN PAAR –
NICHT LEBEN UND TOD.
HIER IRRT SICH DIE BANGENDE SEELE,
DENN EWIG LEBT DAS LEBEN. (259)

Endliches und Unendliches sind Gegensätze. Das zeitlose Jetzt ist gegensatzlos. Ein anderes Beispiel: Aus dem Gegensatz "Weiblich/Männlich" wird das körperliche Kind geboren. Das gegensatzlose Leben hingegen gebärt:

DAS NEUE, EIN KIND GEBOREN OHNE ELTERN,
NOCH NIE GESEHEN – NOCH NIE GEHÖRT. (211)

Auch das gewöhnliche Licht und der Schatten sind Gegensätze.
Dieses Licht ist aber wie ein blindes Licht, verglichen mit dem, was die Engel das *sehende* Licht nannten, welches die Materie

derart durchdringt, daß sie keinen Schatten mehr wirft.

DAS NEUE LICHT WIRFT KEINEN SCHATTEN.   (296)
DAS NEUE LICHT DURCHDRINGT ALLES.   (247)

Ebenso sind *Lust und Leid* Gegensätze der alten Welt.

DIE NEUE FREUDE HAT NOCH KEINEN NAMEN.   (197)
DIE FREUDE IST DIE LUFT DER NEUEN WELT.   (162)

Der patriarchale *Gott* und die matriarchale *Göttin* stellen gegensätzliche, aufeinanderfolgende Phasen religiöser Anschauungen in der Zeit dar.
Das EIN-EINZIG-LEBENDE ist im zeitlosen Jetzt zu finden.

Heute dämmert schon, von vielen gespürt, der neue Weltenmorgen auf. Neue Kräfte wirken,und wir stehen ihnen ratlos und bestürzt gegenüber: sie sind noch unbekannt, sie sind noch unbenannt, und wir sind es, die die neuen Namen finden sollen.
In der ganzen Schöpfung hat nur der Mensch das Wort. Das Tier spricht nicht. Auch der Engel spricht nicht, er kann nur durch den Menschen sprechen:

NUR DER MENSCH SPRICHT,
AN *SEINER* STATT SPRICHT ER.
DAS WORT IST HEILIGTUM.   (95)

Wir – die heutigen Menschen – sind aufgerufen, wahre Worte für die neuen Erkenntnisse und Impulse zu finden. Deshalb rief uns der Engel mit großer Dringlichkeit zu:

SUCHT DEN NAMEN DES NEUEN ... DEN NAMEN!
DENN DAS WORT ERSCHAFFT.   (271)

Wir können die schon jetzt wirkenden Weltenimpulse nicht nur intuitiv "entdecken", sondern sie auch – ihrer bewußt geworden – mit neuen NAMEN benennen. So nehmen wir schöpferisch an der Evolution teil.

FATALE BESCHEIDENHEIT

Ich kenne einen bescheidenen, nüchternen Mann, den ich sehr schätze. Er steht in der Lebensmitte und hatte bisher viele innere und äußere Prüfungen des Lebens verantwortungsvoll durchlebt, ohne je großes Aufsehen davon zu machen. Kürzlich geschah ihm etwas Unerwartetes. Es rüttelte ihn derart auf, daß er seine Zurückhaltung vergaß und mir davon berichtete:

"Ich befand mich in großen Schwierigkeiten, die alle meine Energien derart in Anspruch nahmen, daß ich, müde geworden, meine Stimme verlor und nicht einmal mehr flüstern konnte. So wurde ich gezwungen, in einer relativen Stille zu verharren, um mich auf einen möglichen Ausweg der Probleme zu konzentrieren. Da hörte ich plötzlich mit erstaunlicher Klarheit eine mächtige innere Stimme:
'Du bittest nicht! Bitte! Du kannst um ALLES bitten!'

Ich erschrak tief, denn ich wußte genau, daß mein Engel zu mir sprach und ich fühlte mich schuldig, nicht zu bitten, konnte aber nicht darauf reagieren. Da wiederholte die innere Stimme mit noch grösserer Eindringlichkeit: 'Du kannst um ALLES bitten! Für ALLE!'

Ich aber blieb wie erstarrt: stumm."

Es gibt sichere Kennzeichen für eine echte Engelbegegnung. Diese zeigen sich meiner Erfahrung nach selten in einer sofortigen Erfüllung der Bitte, sondern unter anderem im völligen Mangel an Romantik und in der Natürlichkeit des 'Übernatürlichen'. Das Erlebnis meines Bekannten zeugt davon. Trotzdem stimmte mich der Bericht dieses echten Erlebnisses beinahe traurig, wie eine verpaßte Chance. Ein edler, lebensgeprüfter Mensch war seinem Engel endlich begegnet, der ihm die Würde des Menschen als möglichem Fürbitter für die ganze Schöpfung offenbarte, indem er ihm bewußt machte, er *könne* für ALLE und für ALLES bitten, aber er tue es noch nicht. Und wie reagierte er? Er fühlte sich nicht erhoben, sondern "schuldvoll" niedergedrückt.

Wie war das möglich? Im Gespräch stellte sich heraus, daß er sich selber diese Würde niemals zutraute, ja, sich zu schuldvoll dafür fühlte. Dies ist ein meist unbewußter Faktor, der aber in vielen von uns mehr oder weniger stark wirksam ist: es ist die fatale Erbmasse des der Menschheit seit 2000 Jahren eingeträufelten Schuldgefühles, das nicht nur meinen Freund, sondern viele unter uns erniedrigt. Er war – unbewußt – wie ein nichtiger Erdenwurm geworden, der im vermeintlichen Schlamm seiner Sündhaftigkeit herumkriecht.

Die Engel aber erwarten von uns die königliche Würde des verantwortungsvoll aktiven Erdenmenschen. Sie stehen hinter Schleusen mächtiger Heilsströme und warten mit bebender Ungeduld auf unseren bittenden Anruf, sie zu öffnen. Wir vier Freunde haben in einer Zeit großer Zerstörung immer wieder erlebt, wie neue belebende Kräfte heilend eingreifen möchten. Aber wer ruft sie bittend herab? Wir bleiben zumeist in *fataler Bescheidenheit* stumm.

OHNE BITTE KÖNNEN WIR NICHT GEBEN.
FRAGEN, BITTEN SIND ZEICHEN DES MANGELS.
OHNE MANGEL IST KEIN PLATZ ZU GEBEN.   (202)

Die Engel künden vom "Unmöglichen", das jetzt schon möglich wird, falls wir darum bitten. Warum bleiben wir da im gewohnten Schlamm des Möglichen stecken? Die Bitte ist der Flügel, der uns über das Festgefahrene, Überholte erhebt.

Wer bittet? Um ALLES? Für ALLE? Wer weiß um die Berufung, *Fürbitter oder Fürbitterin der Schöpfung* zu sein? Hie und da bitten wir – von einem Unglück angespornt – für uns oder die uns Nächsten. So bleiben wir meist in der Beschränkung des Persönlichen haften.

Der belebende Rhythmus des Alls ist Bitten und Geben …
Bitten und Geben …
Der Mensch ist berufen zu bitten … der Engel zu geben …
und der Mensch gibt wieder weiter.

DAS GRÖSSTE, DAS *ER* UNS GAB,
IST, DASS WIR GEBEN KÖNNEN. (312)

Oft fühle ich das tiefe Leid der Engel, nicht geben zu können. Sie leiden an einer Welt, die von ganzheitlichen Lebensmöglichkeiten schwanger ist, und die dennoch nicht zur Welt kommen können, da noch niemand an sie glaubt, da noch niemand sie herabruft.

VERGLICHEN MIT DEM LEBEN DAS KOMMT,
IST DAS JETZIGE TOD. (185)

Tödlich lethargisches Schweigen … oder neues Leben? Wir sind nicht nur für das verantwortlich, was wir tun, sondern ebenso für das, was wir *unterlassen*.

Als ich das meinem Freund sagte, fühlte er sich in die Enge getrieben, denn er forderte mich plötzlich beinahe aggressiv heraus, meine "private Reserve" zu verlassen:

"Ja, ich weiss, daß ich verstummt bin, daß ich in dieser Welt der Toten selbst zu einem Toten wurde ... Aber du ... die du mit den Engeln lebtest ... wie lebst *du*?"

"Auch ich kann das neue Leben in seiner unglaublichen Intensität lange nicht dauernd ertragen, nur hie und da in gesegneten Augenblicken.
Aber ich weiß seit langem, daß ich wie ein nahezu ausgebildeter Schmetterling bin. Das Licht der neuen Dimension filtert sich langsam in die Dunkelheit der alten Puppenhülle ein und läßt mich mehr und mehr unbekannte Möglichkeiten ahnen.
Reif geworden, *werde* ich sie leben ... vielleicht bald, denn die Schutzhülle wird schon zu einem Gefängnis ... also werde ich sie verlassen. Alles, was ich jetzt tun kann, ist, so zu leben, daß es möglich werde. Und schon das ist leidenschaftlich interessant."

Mein Freund antwortete zögernd: "Was du da sagst, scheint mir möglich, da es 'natürlich' ist.
Jetzt hast du es mir schwer gemacht, in meine alte, bescheidene Reserve zurückzukriechen!" Wir mußten lachen, beide dankbar und befreit.

74

DER UNIVERSALE MENSCH

Es wird heute viel vom universalen oder planetarischen Menschen geredet, sie sind geradezu Modeworten geworden. Haben sich die Engel über diesen etwas vagen Begriff geäußert?

Laut der Engel existiert der *Mensch* noch nicht. Das äußere Energiepotential der Menschheit ist seit Jahrhunderten auf *äußere* Eroberungen konzentriert, und die Entdeckung des *inneren* Menschen ist in tragischer Verspätung. Die Konsequenz davon ist eine universale Gleichgewichtslosigkeit.

Im Sinne der Engel wird der Mensch dann universal, wenn er Äusseres und Inneres, Zeit und Zeitlosigkeit, Materielles und Geistiges, Menschliches und Göttliches im *ganz* gelebten Leben vereint. In diesem Sinne ist der Mensch berufen, am göttlichen Allwissen teilzuhaben.

Das schien mir unglaublich, viel zu phantastisch, um wahr zu sein, der Engel aber erwähnte es, wie etwas ganz Selbstverständliches:

DU FORMST DICH JETZT UM ... BIST DU GEFORMT,
SO WIRST DU *KEINE FRAGEN MEHR HABEN.* (117)
KEIN GEHEIMNIS WIRD ES FÜR EUCH GEBEN AUF ERDEN.
EINE WAHRHAFT NEUE WELT ERSCHLIESST SICH EUCH.
IHR WERDET SIE LEBEN. (109)

So begann ich zu ahnen, welch *universale* Aufgabe uns Menschen zukommt. Formen wir uns um – und das ist möglich – wird es einst – laut der Aussage der Engel – kein Geheimnis für uns geben auf Erden.

Der heutige Mensch aber ist der Dringlichkeit dieser inneren Formung gegenüber noch beinahe blind, er ist geblendet von seinen technologischen Spitzenleistungen. Und das universale Gleichgewicht wird immer mehr gefährdet.

Während die Willensenergie von Millionen von Menschen zum Entstehen der Weltraumrakete beigetragen hat, bleibt unser *innerer* Raum weitgehend unerforscht, unbeachtet, vernachlässigt.

Zum ersten Male in der Menschheitsgeschichte ist das äußere Universum einheitlich verbunden. Niesse ich hier, so kann es mittels der modernen Kommunikationsmittel in Hong-Kong gehört werden. Und selbst den Herzschlag eines Astronauten können wir hier schon vernehmen.

Diese technologischen Wunder aber können das Universum vernichten, denn sie sind auf Äusserliches gebaut. Nur die Entdeckung des inneren Universums und die damit verbundene *Verantwortung* in ihrer ganzen Tragweite kann das planetarische Gleichgewicht noch retten.

DER MENSCH IST BERUFEN,
DIE SÜSSE DES ALLS HERVORZUBRINGEN.
VERSAGT ER,
SO WIRD ER ZUM VERDERBER DES ALLS.   (211)

Ein Mythos längstvergangener Zeiten ist der Titan Prometheus, der den Menschen zuliebe den Göttern das Feuer stahl. Das Leben auf Erden wurde dadurch um vieles leichter.
Ein Mythos von heute ist der titanische Mensch, der die Kernspaltung der Natur entriss, bevor er fähig war, die Verantwortung dafür zu tragen. Das Leben auf Erden wird dadurch in großem Maße bedroht. Die Einheit alles Lebenden war bis vor kurzem für viele eine schöne Idee, die unverbindlich in metaphysischen Höhen schwebte. Jetzt

aber berührt ihre Wirklichkeit uns hautnah. Die Schrecken von Tschernobyl zum Beispiel machen alle ideellen und materiellen Abgrenzungen lächerlich: radioaktive Wolken zahlen keinen Grenzzoll, kennen keinen Rassenunterschied, keine politische Partei und keine Religionsverschiedenheit, keine Nationalität, keine Gesetze.

Der Mensch aber weigert sich noch immer angstvoll, das universale Leben und dessen Verantwortung zu erkennen. Er hat letztlich Angst vor seiner eigenen Größe.

DER MENSCH IST KÖRPER DES HIMMELS
UND GRÖSSER ALS ALLE HIMMELSKÖRPER.
ER IST NICHT TEIL, SONDERN GANZHEIT. (210)

Der nach außen gerichtete Mensch *er-obert* das Weltall, der nach innen und außen gerichtete Mensch *ent-deckt* es.
Der *Er-oberer* ist von seinem Willen nach Macht beherrscht.
Der *Ent-decker* dient freiwillig dem Willen des All-Mächtigen.
Die Projektionsrichtung der menschlichen Energien könnte auch folgendermaßen schematisiert werden:
Im Außen *sucht der Mensch.*
Im Innen aber *wird er gefunden.*
Der außen suchende Mensch will die Welt beherrschen.
Er ist aktiv.
Der nach innen gerichtete Mensch *ent-deckt* seine unsichtbare Welt und ist davon oft derart fasziniert, daß er äußerlich passiv wird.
Der äußere Mensch bewohnt schon den Weltraum. Da aber sein ursprünglicher Entdeckungsdurst in Neugierde und Machtanspruch umgeschlagen ist, wird er zur Gefahr, ihn auseinanderzusprengen.
Wo liegt die Rettung?

Im Gleichgewicht zwischen Innen und Außen, im Brennpunkt,
im Sammelpunkt zwischen Geist und Materie.

IM BRENNPUNKT TREFFEN SICH ALLE LINIEN,
DIE AUS DEM UNENDLICHEN KOMMEN.
DER MENSCH IST DER BRENNPUNKT,
DER ERLÖSENDE PUNKT.
WELCH WUNDERBARE AUFGABE!   (130-31)

Durch den Menschen – ist er zum erlösenden Punkt geworden
– ergießt sich das Hohe ins Tiefe,
und das Tiefe steigt zur Höhe auf,
eint sich das Innere dem Äusseren,
und das Äußere dem Inneren,
verbindet sich das Ewige mit dem Zeitlichen,
das Göttliche mit dem Irdischen.
So finden wir unser Gleichgewicht. So werden wir universal.

SCHEIDEWEG: ANGST ODER VERTRAUEN

Lange vor den Engelgesprächen sagte mir Hanna einst, sie versuche während ihrer graphischen Kurse in den Schülerinnen und Schülern *das angstbefreite, schöpferische Individuum* zu erwecken. Heute frage ich mich, ob es nicht schon der Engel war, der damals durch sie sprach. Durch seine Worte wurde mir erst bewußt, wie lebenswichtig das angstfreie Tun ist. Engelworte sind immer erhebend, auch wenn sie erschreckend mächtige, kosmische Kräfte aufzeigen.

DU WÜRDEST VON SCHRECKEN ERFASST WERDEN,
SÄHEST DU DIE UNMESSBAREN KRÄFTE,
DIE KREUZ UND QUER DURCH DICH RASEN,
OHNE DASS DU DAVON WEISST.
BIST DU GANZ UND TUST DU,
WOZU DU BERUFEN BIST,
SO GIBT ES KEINE BLINDEN KRÄFTE MEHR,
DENN SIE WERDEN DURCH DICH UND IN DIR TÄTIG.
WENN NICHT, SO ZERSTÖREN SIE DICH.   (181)

Es ist also von entscheidender Bedeutung, daß ich die mir entsprechende Aufgabe finde und durch sie tätig werde, will ich mein Leben nicht zerstören. Später verstand ich diese Worte mittels zweier einfacher Fragen und Antworten:
Was belebt mich? Das Fliessen der Kräfte.
Was zerstört mich? Das Anstauen der Kräfte.
Fließt der Lebensstrom unbehindert durch mein Tun, so bleibe ich gesund und werde wandlungsfähig. Staue ich ihn aber an, so stagniert er und verursacht Krankheit. Das ist so

einfach, daß die meisten es gar nicht wahrnehmen. Wir sind zu kompliziert geworden. Womit aber halten wir den belebenden Energiestrom zurück? Vor allem durch die Angst. Durch angstvolles "Für-sich-selbst Behalten".

DAS ZURÜCKHALTEN DER KRAFT
IST URSPRUNG ALLES KRANKEN. (93)

Der zurückgehaltene Lebensstrom wird zu einem faulen Tümpel und vergiftet uns. Fließt er hingegen dynamisch durch uns, so schwemmt er alles Gift, alle Krankheitserreger, die in den Organismen latent vegetieren, mit sich hinweg und verhindert ihr "sich einnisten". In stagnierenden und stagnierten Gewässern finden sie hingegen ein günstiges Lebensterrain.

Während der Gespräche zögerte ich einmal angstvoll, ein neues Ölbild zu beginnen, und die Drohung des Engels war aufrüttelnd streng:

AUCH *DU* HAST NOCH ANGST! AUCH *DU*!
SCHAFFE! NICHT MIT FURCHT – SONDERN MIT FREUDE!
(142)

Die Kraft dieser dringenden Warnung vernichtete eine recht bequeme Illusion: "Ich habe ja Zeit, mich zu entschliessen". Der Engel verlangte ein sofortiges "Entweder-Oder". Und dies selbst in der kleinsten Angst-Regung, denn Angst lähmt, Freude aber beflügelt.

Ob wir Angst oder Freude erleben, hängt beinahe immer von uns selbst ab.
Die meisten unter uns aber wissen nicht einmal, mit welch magnetischer Kraft wir gleiche Schwingungsenergien anlokken.

Eine ängstlich besorgte Mutter kann eine wahre Katastrophe für ihre Kinder sein, denn durch Angst ruft sie genau das Gefürchtete hervor. Der 'kleine' Angestellte, der vor dem 'allmächtigen' Firmenchef zittert, zieht gerade dadurch dessen eigenmächtige 'Ungnade' an. Ständiges Besorgtsein um die Gesundheit schließt ein gesundes Leben aus. Angst vor einem Unfall ebnet seine Wege ... und so weiter ... endlos weiter ... von einem Unglück zum anderen. Wir aber beklagen uns danach bitter, die unschuldigen Opfer eines 'grausamen Schicksals' zu sein.

Was ist Angst eigentlich?
Mangel an Vertrauen. Das wurde mir einmal durch ein kleines Erlebnis ganz klar: Ich wartete einst lange, sehr lange auf die Rückkehr meines Mannes. Es war ein 14. Juli, der Tag der mörderischen Völkerwanderung in Frankreich. Schon 4 Stunden Verspätung ... dann 5 Stunden ... da wurde ich ernstlich besorgt. Unvermutet hörte ich die etwas ironische Stimme meines Engels in mir: *"Hast du ihn mir anvertraut ... oder nicht?"*

Diese Frage traf mich.
Ja, ich hatte meinen Mann dem Engel anvertraut ... und hatte trotzdem gezweifelt ... war der Angst verfallen ... und empfand jetzt eine so tiefe Scham, daß sie mich – wie eine Sprungfeder – das Vertrauen wiederfinden liess. Und bald hörte ich das fröhliche Hupen des Heimkehrenden.

Wahres Vertrauen schließt Angst aus ... schließt aber die vertrauensvolle Bitte ein.

WERDET NICHT MÜDE, IMMER WIEDER ZU BITTEN.
OHNE BITTE KÖNNEN WIR NICHT GEBEN.   (202)

Die Bitte schafft ein intimes Vertrautsein.

Sie erlöst uns aus den Angstbereichen der Abgetrenntheit.
Heute gibt es für mich keinen Kompromiß mehr:
Entweder Ableben in kleinmütiger Angstbesessenheit oder
aber Aufleben im Vertrauen in den großen Plan.

Schon heute können wir zum neuen Sein erwachen oder
aber auch diese einzigartige Chance eines geistigen und
biologischen Wandels lethargisch verschlafen. Der Ängstliche
verschanzt sich hinter seinem überlegen ironischen Urteil:
Unrealistische Utopie! New-Age-Futurologie!
Die Wahl liegt wie immer an uns.
Wer könnte – ohne Grössenwahn – behaupten, wir Menschen
seien heute eine so perfekte Wesensart, daß wir keines
evolutiven Wandels mehr bedürfen?

Das voll-realisierte Vorbild wurde uns vor 2000 Jahren schon
gegeben: Jesus von Nazareth auf dem Berge Thabor; er
wandelte sich zu einem licht-durchstrahlten Körper.
Angstbesessen leugnen wir immer noch unsere Berufung,
seine Nachfolger zu werden.
Vertrauen aber fördert unsere Wandlungsfähigkeit, und so
können wir in schöpferischer Freude nachfolgen.

HALB GOTT – HALB ERDE – WERDE!   (152)

82

WISSENSCHAFT STATT WUNDERSUCHT

Auf den Begriff "Engel" wurde seit Jahrhunderten die naive Wundersucht der Menschen projiziert. Ich höre nun, nach der Veröffentlichung der *Antwort der Engel*, immer wieder von Gruppen, wo ein "Belehrender" den anderen erklärt, *wie und was der Engel ist*. Diese "Erklärer" betrüben mich. Damit beweisen sie nichts anderes als ihre eigene Unwissenheit, denn der Engel ist ja das sich nie Wiederholende, das Unerwartete, das rein Individuelle und kein "prêt-à-porter", kein Massenartikel, kein Gewand, das man anderen nur umzustülpen hat. Oft ist dieses Gewand mit attraktivem esoterischem Flitterschund benäht und ein billiger "Ersatz" für die majestätische Einfachheit des Engels.

DIE NEUE WELT KENNT KEINE WUNDER.
UNFASSBARER URSPRUNG,
UNFASSBARER URGRUND IST,
WAS KOMMT.   (289)

Es freut mich sehr, daß heutzutage ein wenig wundersüchtiger Zweig sich für den Engel zu interessieren beginnt: die Wissenschaft. Ich werde immer öfter zu wissenschaftlichen Kongressen eingeladen und bin froh, statt überstiegenem Pseudowissen oder autoritärem "Besserwissen" vorsichtig formulierten, neuen Denkmodellen zu begegnen: "Es könnte sein, daß…" oder "Demzufolge ist es uns erlaubt, vorauszusetzen, daß…".

Die Werke von Elisabeth Kübler-Ross, Raymond Moody, Rupert Sheldrake, Kenneth Ring, Michael Sabom und vielen anderen befassen sich wissenschaftlich mit dem möglichen Einfluß eines formativen Geistes auf die menschliche Psyche.

Aber statt sich auf eine Erforschung der *einmalig* erhöhten Lebensfrequenz im Übergang zum Tode zu beschränken, wäre es meiner Ansicht nach praktisch, wenn die Wissenschaften den *alltäglich* möglichen Zustand erhöhter Lebensfrequenz erforschten, ein Zustand der uns allen hier und jetzt schon zugänglich wäre. Das sogenannte gleichzeitige Erleben von Geist und Materie (SESM = Simultaneous Experience of Spirit and Matter) ist eine Umschreibung, mit der wir diese Verfassung zu benennen versuchen. Diese Bezeichnungen weisen alle auf das natürliche Geschehen hin, als das auch wir vier Freunde, vor allem Hanna, die Engelbotschaft erlebten: die maximale Lebensfrequenz unserer irdischen Existenz verbindet sich mit der minimalen Frequenz unseres "Vorbilds im Licht".

Dies ist zwar ein aussergewöhnliches, aber dennoch ein ganz natürliches Ereignis:

GIBT ES ETWAS NATÜRLICHERES.
ALS DASS WIR MITEINANDER SPRECHEN KÖNNEN?

(165)

Der Energiezufluß des Engels bewirkt in uns das Wachstum neuer lichtempfänglicherer Organe, die uns erlauben, die neue Lebensfrequenz nicht nur hie und da, in "begnadeten Augenblicken", sondern ständig zu ertragen, zu erleben.

JETZT WIRKT DIE GÖTTLICHE KRAFT,
DIE PLÄNE PLANT,
NACH NEUEN PLÄNEN WACHSEN NEUE *ORGANE*. (311)

Es ist an der Zeit, daß die Wissenschaft sich mit diesen – auch biologischen – Veränderungen beschäftigt, denn sie sind Vorboten des ganzheitlichen Menschen.

84

PARADOX

*Ich habe in der Antwort der Engel einige Widersprüche
entdeckt und ich bin deswegen höchst erstaunt. Ja, um ganz
aufrichtig zu sein: mein Vertrauen ist etwas erschüttert. Wie
könnte ein Engel sich widersprechen?*

Es gibt nicht nur *"einige"* Widersprüche, es gibt *unzählige*.
Das Engel-Dokument ist ein Bericht aus dem sich ständig
wandelnden, immer wachsenden Leben, und es gibt kein
grösseres Paradox als das Leben selbst.
Wäre das Engelwort dogmatisch starr und eingleisig, so
könnte es nicht belebend wirken. So aber stellt es uns vor
eine stets andere Wahl und das ist ausgesprochen bewußt-
seinsfördernd.

Schon im allerersten Gespräch kündete mir der Engel vom
Widerspruch:

WAS BISHER GUT WAR – WIRD SCHLECHT
WAS SCHLECHT WAR – WIRD GUT. (10)

Natürlich verwirrte mich diese Aussage zuerst beträchtlich,
später wurde mir klar: "Gut" und "Schlecht" sind menschlich-
moralische Werte. Der Engel hat einen anderen Maßstab:
was dem Leben *dient* – ist gut. Was dem Leben *schadet* – ist
schlecht. Und das Leben wandelt sich jede Minute, jede
Stunde, jeden Tag. So wandelte sich auch das Engelwort. Zu
Beginn sagte er einmal zu mir, die ich mich mit Selbstvor-
würfen quälte:

EMPFANGE DAS LEIDEN
ALS EINEN BOTEN DES HIMMELS,
DOCH LASS IHN WEITERZIEHEN,
WENN ER SCHEIDEN WILL.   (31)

Als ich das hörte, war es mir, als ob der Engel mir noch
zuflüsterte: "Schau, das Leiden belehrt dich ebenso, wie ich
dich belehre", und da wurde mir klar, daß das Leiden ein
Signal für eine Fehleinstellung sein kann. Werde ich mich
ihrer bewußt, so kann ich sie im alltäglichen Leben durch
eine ergänzende Tat ausgleichen. Dann hat das Leiden seinen
Botendienst verrichtet, es hat mich gewandelt und kann mich
nun verlassen.

Es kann aber auch sein, daß mein Lebenskarren im Lehm der
Gewohnheiten festgefahren ist. Da kann der Peitschenschlag
des Leidens den störrisch gewordenen Maulesel (ich selbst
bin ja der Karren, so wie das Zugtier!) aufscheuchen und
mit einem Schreckenssprung wird das Fuhrwerk aus dem
Schlamm gerissen und kann nun schön weiterrollen.

Nun liegt eine Frage auf der Hand: sind so drastische
Mittel unumgänglich und nötig? Könnte ich nicht freiwillig,
vertrauensvoll und heiter selbst auf dem Weg weiterkommen?
Könnten meine dynamische Bereitschaft und begeisterte
Hingabe die Leidensumwege überflüssig werden lassen?
Folgendes Engelwort bejaht die Frage und setzt sich damit in
Widerspruch zum Vorhergesagten:

LEIDEN MUSS NICHT SEIN!
SCHLÄGE, ZÜCHTIGUNGEN MÜSSEN NICHT SEIN.
DIE SELBSTHINGABE, DAS OPFER LÖSCHEN SIE AUS.
DIES IST HEILIGSTE GNADE.   (387)

86

Die Wahl liegt also an mir: ein langer Leidensweg oder aber die freiwillig gewählte Hingabe an das mir gegebene Leben, an die mir gegebene Aufgabe?
In ähnlicher Weise machen uns viele andere widersprüchliche Engelworte auf einen beweglichen Lebensrhythmus aufmerksam. Hier einige solcher Sprüche und Widersprüche:

DU WIRST AUFGEPFLÜGT WERDEN
DURCH EIN SUCHEN OHNE RAST.　　　　　　(10)

Dazu der Widerspruch:

ER IST ES, DER DICH SUCHT – LASS DICH FINDEN!　(35)

Widerspruch oder aber der natürliche Rhythmus von Tat und Ruhe, von Tun und Lassen, von Suchen und Finden?

Ein anderer Spruch:

DEIN WEGWEISER SEI DIE FREUDE!
DAS IST DER SICHERE WEGWEISER.　　　　　(100)

Dazu ein Widerspruch:

DIE FREUDE IST NICHT MEHR DER WEGWEISER, WIE BISHER.
NUR IN DER TIEFE, UNTER EUCH, SCHAUT IHR DIE FREUDE.
DIE NEUE FREUDE HAT NOCH KEINEN NAMEN.　(197)

Widerspruch oder evolutives Wachstum zur universalen, *einen* Freude?

GEGENSTÄNDE, MENSCHEN, ARBEIT, AUFGABE,
ALLES FREUT SICH – DU ABER NICHT.

DENN DEINE FREUDE WIRD *EINS* SEIN
MIT DER FREUDE DES *VATERS.* (202)

Noch ein anderer Spruch:

OHNE BITTE KÖNNEN WIR NICHT GEBEN.
WERDET NICHT MÜDE, IMMER WIEDER ZU BITTEN!
(202)

Dazu der Widerspruch:

UM NICHTS MEHR KÖNNT IHR BITTEN!
IST EUER HERZ TROCKEN,
SO WIRD ES WAHRLICH WIEDER GEFÜLLT.
SELBST OHNE BITTE. BITTET NICHT!
DEM NEUEN, DEM HIMMLISCHEN IN EUCH
WIRD NICHT GEGEBEN,
DENN ES IST *EINS* MIT IHM. (322-23)

Widerspruch oder Erfüllung jenseits aller Paradoxe?
Jede und jeder möge das selbst entscheiden.
Meinerseits habe ich aus den anscheinend vielen Widersprüchen gelernt, daß einst gültige Werte im Verlauf meiner Entwicklung und je nach Lebensumständen immer wieder von neuen abgelöst werden. Und das ist spannendstes Leben!

DER ERLÖSER

Meine Grossmutter war naiv und gemütlich rund. Sie war die einzige der großen Familie, die ihren Glauben beibehalten hatte. Man ließ sie, nachsichtig lächelnd, gewähren. Als Kind hörte ich sie oft Jesus, den Erlöser, anrufen. Ich war neugierig und fragte sie: "Von was hat uns Jesus erlöst?" Sie schwieg verlegen still und sagte dann zögernd: "Vom Übel". Es war im Jahre 1915, und der erste Weltkrieg war schon zu einem multinationalen Todeskonzern geworden. Also wollte ich verstehen: "Warum sind wir dann nicht vom Krieg erlöst worden?" Darauf antwortete sie nicht mehr. Ich aber konstatierte verächtlich: "Alle Erwachsenen lügen … warum wollen sie uns Kindern immer etwas aufbinden?"

Damals war ich acht Jahre alt. Erst mit 36 Jahren begegnete ich dem, der nie lügt: dem Engel. Auch er sprach vom 'Erlöser'. Und er sagte:

ERLÖSER DU – MENSCH! (167)

Da horchte ich auf. Wir unvollkommene Menschen sollen Erlöser sein? Wie ist das möglich?
Einige Zeit später, als die politische Lage immer bedrängender wurde, kam der Engel nochmals darauf zurück:

ER KOMMT NICHT MEHR ZUR ERDE ZURÜCK.
IHR SEID SEINE NACHKOMMEN, IHR ALLE.
IHR SEID: JESUS. (254)

89

Und dann, während des zweiten Weltkrieges, in der dunkeln Nacht, als Hitler Ungarn besetzte ... in dieser Nacht sang der Chor der Engel zum ersten Male vom wiederkehrenden LICHT.

GLAUBT ES, *ER* KOMMT WAHRLICH,
UND *ER* IST DAS LICHT! (246)

Ja, ich glaubte es ... und da ging mir im wahrsten Sinn des Wortes ein Licht auf und ich begann den Sinn der Engelbotschaft zu ahnen: Jesus kommt nicht mehr in seinem menschlichen Körper zurück, sondern als alles wandelndes, alles erlösendes, neues Bewußt-Seins-Licht.

DAS NEUE LICHT WIRFT KEINEN SCHATTEN,
DENN DURCHSICHTIG IST DIE NEUE MATERIE
VON EWIGKEIT ZU EWIGKEIT. (296)

Warum wohl fällt es den meisten von uns so schwer, an dieses Licht zu glauben?
Zu glauben an einen unsterblichen Körper, der, vom kommenden Christus-Licht durchtränkt, zum LICHT-MATERIE-Körper erlöst wird?
Zu glauben, daß dieser Lebenskörper hier auf Erden erfahrbar ist?
Zu glauben, daß Jesus, der Vorgänger, – der erste *Mensch* – ihn auf dem Berg Thabor *beglaubigt* hatte? Den Jüngern schien es damals wie ein Wunder, und sie fürchteten sich davor. Uns aber sagte der Engel:

DIE APOSTEL WAREN KINDER.
IHR SEID SCHON JUGENDLICHE. (290)

Und sie machten damit deutlich, daß dieses Geschehen *natürlich* ist und kein Wunder mehr zu sein braucht:

DIE NEUE WELT KENNT KEINE WUNDER.
UNFASSBARER URSPRUNG, UNFASSBARER URGRUND IST,
WAS KOMMT. (289)

Die universalen Lichtimpulse wirken schon und Veraltetes, Lebensunfähiges zerfällt ... das liegt heute schon vor aller Augen.

SEHT IHR ETWAS ZU STAUB ZERFALLEN
GLAUBT ES MIR – DANN NAHT DAS LICHT. (301)

Ja, auch das glaube ich ... und so ertrage ich die heutige Zerfallsperiode gleichmütig, denn sie kündet vom Nahen des lichten Morgens.

VERKÜNDET ES!
DIE ERLÖSUNG IST NAHE. (405)

Das Verschwinden des Alten kündet vom Erscheinen des Neuen.
Der Körper Jesus verschwand, das *Licht des Erlösers* erschien und erscheint immer wieder, um von unser aller Berufung zu künden: selbst Erlöser zu werden.

ANDERS – GANZ ANDERS

Mein christlicher Glaube wird von den Engelworten neu belebt, trotz einiger mir noch unklarer Unterschiede.

Der wichtigste davon liegt meines Erachtens in der energetischen Ausrichtung. In vergangenen Zeiten wurde der europäische Mensch belehrt, daß seine Seele nach einem einzigen Erdenleben entweder zur ewigen Seligkeit im Himmel aufsteige oder aber zur ewigen Höllenqual verdammt werde. Dieser unerträglich scharfe Kontrast wird durch die erlösende Möglichkeit eines temporären Aufenthaltes im Purgatorium gemildert. Mir scheint, daß die göttlich Pädagogik die Menschheit durch die Gespaltenheit von Hoch und Tief, von Himmel und Hölle gehen liess, damit sie reif wird, die Einheit der Gegensätze anzustreben und zu erfassen.

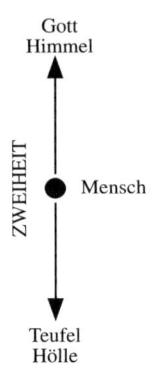

Die Lehre der Engel zu Beginn einen neuen Zeitalters ist anders – ganz anders.

HIMMEL UND HÖLLE STÜRZEN EIN,
DENN ES KOMMT DAS LICHT.
ES SENKT SICH NICHT NIEDER,
DENN ES GIBT KEINE HÖLLE MEHR.
ES ERHEBT SICH NICHT,
DENN ES GIBT KEINEN HIMMEL MEHR.
EWIG HIER WOHNT DIE VIER, DAS EINE.

(366)

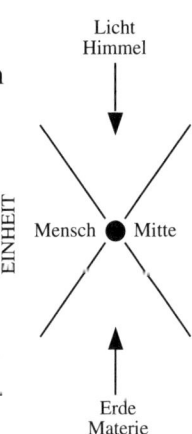

92

Keine feindlichen, auseinanderstrebenden Gegensätze mehr, sondern liebendes sich-Ergänzen im Einswerden. Die Kräfte des Geistes, der lichterfüllten Welten, streben in dynamischer Konzentration nach unten, der Mitte zu, während die Kräfte der Materie in gleicher Dynamik nach oben zur Mitte drängen. Dort verschmelzen sie im Brennpunkt der neuen Schöpfung zum Menschen, der Licht und Materie eint.

Die Lehre aus den vergangenen Zeiten ent-zweite.
Die Lehre der heutigen und neuen Zeit vereint.
Und das ist wahrlich anders:

DIE NEUE LEHRE IST ANDERS; GANZ ANDERS.
EWIGES LEBEN, EWIGER GEDANKE, EWIGES
ERKENNEN... (381)

... im zeitlosen Hier und Jetzt.
Alles andere ist "noch-nicht-Leben", zeitbedingter Dämmerzustand. Heute aber können wir schon das LEBEN kosten.
Deshalb riefen uns die Engel in heller Freude zu:

DER KOT STEIGT AUF ZUM LICHT,
DAS LICHT KLEIDET SICH IN MATERIE.
VOM HIMMEL STEIGT DIE WEISHEIT NIEDER
UND WEISE MATERIE IST DIE FRUCHT.
FRUCHT TRÄGT DIE SCHÖPFUNG.
GREIFBARES LICHT – LICHTSTRAHLENDE MATERIE.
FROHLOCKET! (386)

V. GEIST-MATERIE

SEHNSUCHTS-CRESCENDO

Leben Sie in der ständigen Gegenwart Ihres Engels?

Ständig? Ja und nein. Nein, weil ich lange nicht jeden Moment meines Lebens bewußt mit dem Engel verbunden bin. Ja, weil derjenige, der – sei es auch nur für einen Augenblick lang – dem Engel begegnet ist, die Sehnsucht nach ihm nicht mehr los wird.

Wer noch nie bewußt in der Gegenwart des Engels lebte, kann schön ruhig in seinem oder ihrem kleinen Erdenglück weiterwursteln. Sind wir ihm aber einmal begegnet, so können wir nicht mehr in dieser kleinen Glücksbegrenztheit unsere Befriedigung finden. Etwas radikal Neues krempelt unser Leben, unsere Sicht, unsere Ausrichtung völlig um.

DIE GRÖSSTE IRDISCHE FREUDE
IST OHNE DAS NEUE
AUCH NUR FEUER DER VERDAMMNIS.　　　(324)

"Feuer der Verdammnis" ist ein starker Ausdruck, aber ich muß gestehen, daß mir fortan alles leer vorkam, das dieses "Neue" nicht enthielt, welches mir durch die Begegnung mit dem Engel eröffnet wurde: eine unglaubliche Intensität und eine ganz behutsame Zärtlichkeit.

Und ich habe erlebt, wie sich nicht nur mein Empfinden total ändert, wenn mir der Engel bewußt gegenwärtig ist, sondern sich auch *sein* Glück steigert, wenn eine Verbindung stattfindet.

Spüre ich seine Gegenwart jedoch weniger, oder verblaßt sie ganz, so beginnt rastlos sehnendes Suchen. Dies hatte der Engel mir gleich bei unserer ersten Begegnung klargemacht:

DU WIRST AUFGEPFLÜGT WERDEN
DURCH EIN SUCHEN OHNE RAST. (10)

Seitdem wird mein Leben von einer Dynamik angetrieben, die ich um keinen Preis mehr missen möchte. Eine Dynamik, die aus der Spannung von erfüllter und ersehnter Einheit entspringt. Können irdisch Liebende ständige Liebesvereinigung ertragen? Nein. Sehnendes Getrenntsein und erfülltes Vereintsein gehört zu jeder realen Liebesbeziehung. Genauso ist es auch in der Liebesbeziehung zum Engel. Die liebende Einheit von Mensch und Engel scheint mir ein universales Urbild allen Liebesrausches von Geist ("Licht") und Körper ("Gewicht") zu sein:

KÖNNTET IHR DIE SEHNSUCHT DES GEWICHTES
NACH DEM LICHT ERFASSEN –
KÖNNTET IHR DIE SEHNSUCHT DES LICHTES
NACH DEM GEWICHT ERAHNEN –
SO WÜRDET IHR DEN RAUSCH KOSTEN. (69)

Wer jedoch kennt schon diese Art von Liebe?
Sie ist in jeder Zelle des Körpers erlebbar.
Aber so oft wird Liebe, dieser menschlich-göttliche Rausch, nur als billige Konsumware erlebt, hie und da mit etwas Rosenwasser-Romantik parfümiert.

Nach meinem ersten Kontakt mit dem Engel, der mir eine völlig neue Intensität vermittelt hatte, kam mir alles andere wie ein schäbiger Ersatz vor. Der Engel aber wünscht Liebe, die Körper, Geist und Seele durchzittert:

DIE SEELE IST WEIN …
SIE TRÄGT DEN RAUSCH. (90)

Ohne diese Intensität sind für mich selbst Momente größten irdischen Glücks einengend und schal geworden. Der geistig-körperliche Rausch hingegen durchpulst alles Alte mit neuem, prickelnden Leben.

JEDER RAUSCH IST EHRUNG GOTTES.
DER KLEINERE RAUSCH WIRD VOM GRÖSSEREN VERZEHRT,
ABER LEBT WEITER IN IHM.
DENN NICHTS GEHT VERLOREN. (68)

Der große Rausch ist nicht mehr nur der des Körpers, nicht mehr nur der der Seele, sondern der des LEBENS selbst. Hier steigert sich das Sehnsuchts-Crescendo zum göttlich Intensiven hin.

WAS BIS JETZT BECHER WAR,
WIRD TRANK.
WAS TRANK WAR,
WIRD RAUSCH. (141)

DER RAUSCH IST DAS HEILIGSTE.
WERDET TRUNKEN IN GOTT! (68)

Kann Göttliches begrenzt sein … kann es zeitbedingt sein? Nein. Das göttliche Liebes-Crescendo steigt weiter auf, vom zeitbedingten Wechsel der Liebessehnsucht und der Liebeserfüllung zum zeitlosen Jetzt:

EWIGES DURCHZITTERN … EWIGE VERKLÄRUNG. (384)

DIE GÖTTLICHKEIT DER MATERIE

Die Engel forderten Sie immer wieder auf, aktiv am evolutiven Geschehen teilzunehmen.

Ist Evolution nicht etwas, was ohne unser Dazutun zwangsläufig im Schöpfungsplan vorgesehen ist?…

Ja, das entspricht der landläufigen Meinung, die Engel jedoch machten unzweideutig klar, daß unser *Mit-Schöpfen* ebenso vorgesehen ist. Und "zwangsläufig" ist dieses Mit-Schöpfen keineswegs, unser Mitwirken beruht auf Freiwilligkeit. Wirken wir frei und im Bewußtsein unserer vollen menschlichen Verantwortung, so sind wir des Göttlichen irdische Hand, des göttlichen irdisches Auge, des Göttlichen irdischer Mund, denn der Mensch hat den Körper erhalten, *damit er diene.* Dieser Körper ist lange am Baum des Lebens gewachsen und uns als Vermächtnis gegeben worden. Sind wir uns bewußt, welche Möglichkeiten damit für uns alle verbunden sind? Haben wir das tiefe Wissen, das unser Körper in sich birgt, als lebensspendende Quelle entdeckt?

Woher hat der Wandervogel seinen wunderbaren Orientierungssinn? Woher "weiß" der Same, ob er zu einer gewaltigen Eiche oder zu einem winzigen Gras wachsen wird? Woher kam der unwiderstehliche Drang, der aus dem Stein die Pflanze … aus der Pflanze das Tier … und aus dem Tier den Menschen entstehen ließ? Aus einer schöpferischen Dynamik, die im instinktiven Allwissen der Materie wirkt.

Wir Menschen aber haben meiner Ansicht nach unser instinktives, ursprüngliches Zellbewußtsein äußerst vernachlässigt und beinahe ganz aus den Sinnen verloren … und das geistig erkennende Bewußtsein noch nicht empfangen. In diese tragische Zerrissenheit hinein kam der Engel, um uns die erlösende Mitte zu zeigen.

Wir sind evolutiv nicht dazu bestimmt, Engel zu werden. Nein, ganz im Gegenteil: alle uns offenbarten geistigen Hierarchien sehnen sich danach, sich durch den Engel als dem uns Nächststehenden in die *Materie zu ergießen.*

Im Menschen eint sich das erkennende Geisteslicht der Göttlichkeit der instinktiven Göttlichkeit der Materie. So wird der Mensch zum *Mittler* zwischen unten und oben, so wird er zum Löser, zum Erlöser der Getrenntheit.

Es ist etwas ungewohnt, von der "Göttlichkeit" der Materie sprechen zu hören.

Ja, es ist ungewohnt. Auch für mich war es so. Vor dem allerletzten Gespräch mit den Engeln war eine Stille von so ungewohnter Intensität, daß ich mit unerklärlicher Sicherheit wußte, es werde das letzte sein. Und als der Engel endlich das Wort ergriff, war es eine Offenbarung – nicht über die Natur des Geistes – sondern über die wahre Natur *der Materie.*

Sie sei aus göttlicher Liebe geformt, sie sei zu Materie verdichtete göttliche Liebe. Als ich dies hörte, fiel es mir wie Schuppen von den Augen, und seitdem lebe ich anders im Körper, in der Materie.

DER KÖRPER IST NICHTS ANDERES
ALS LIEBE, DIE MATERIE WARD.

DIE SCHÖPFUNG IST AUSGESTRAHLTES ABBILD, MATERIE AUS GÖTTLICHER LIEBE. (406)

Wer dies hört und annimmt, kann nicht mehr die Materie mißachten, vernachlässigen, ausbeuten, plündern, ohne in äußerster Weise göttliche Liebe zu verletzen und zu verwunden.

Wir leben ins Göttliche getaucht: es ist ebenso oben im Geist wie unten in der Materie, aber wir leben es noch nicht vereint in der Mitte.

Gotteserkenntnis bedeutet in diesem Licht ein volles Hinwenden zur Körperlichkeit und zur Materie, als liebende Antwort des Menschen auf die Liebe, die Schöpfung wurde.

DER LICHT-MATERIE KÖRPER

Im Buch Die Antwort der Engel *wird der Körper aus Licht-Materie oft erwähnt. Verzeihen Sie mir meine Offenheit, aber dieser Begriff gibt mir den Geschmack utopistischer Science-Fiction Romane. Könnten Sie mir wirklichkeitsnahe Erläuterungen geben, die diesen Begriff rechtfertigen?*

Ich kann nur mit meiner persönlichen Erfahrung antworten, und diese ist selbstverständlich sehr beschränkt.

Um uns gut zu verstehen: ich gebrauche die Worte "Materie, Erde und Körper", um von der *erschaffenen Welt* zu sprechen, und die Begriffe "Geist, Himmel und Licht", um die *erschaffende Welt* zu bezeichnen.

Diese beiden Welten sind aber – laut dem Engel – eine untrennbare Einheit.

Die Dualität besteht nur in unserer Vorstellung.

Die Evolution besteht darin, uns der Einheit immer bewußter zu werden.

Lesen wir heute die Bibel, haben wir oft den Eindruck, daß die Menschen jener Zeiten noch voll in den Gegensätzen lebten.

Der Himmel war Gegensatz der Hölle, der Körper Gegensatz des Geistes, und selbst Jahwe hatte seinen Gegenspieler: Satan.

Das materielle Gewicht war das Gegenteil des immateriellen Lichts.

Aber heute, nahe dem Jahre 2000, beginnt unser Bewußtsein wahrzunehmen, daß "Gegensatz" auch "ergänzende Anziehung" bedeuten kann.

DIE HEILIGE LINIE
DES HEILIGEN PLANS IST:
ANZIEHUNG. (407)

Die gegenseitige Anziehung von Materie und Licht ist uns
schon lange in einem großen "Vor-Bild" gezeigt worden, das
wir erst zu erfassen beginnen:
Die alten Berichte sprechen wenig von der Verklärung des
Körpers Jesu. Sie zeigen nicht auf, wie das Bewußtsein der
EINHEIT *eine organische Wandlung* bewirken kann.
Der Engel hingegen spricht klar davon:

DER *ERSTE MENSCH* WAR JESUS, DER HERR.
DER ERSTE HERR ÜBER *DEN KÖRPER*. (367)
SCHON KANN ER BRUDER SEIN,
VERWANDTER HÖCHSTEN IRDISCHEN GRADES. (378)

Das Wort "Bruder" ist im ungarischen aus den zwei Wörtern
"Blut" und "Körper" zusammengesetzt. Die Engel wollten
damit auf die schon mögliche Wandlung unseres Körpers zu
einem "neuen Körper" hinweisen:

DAS GÖTTLICHE HERZ POCHT IM KÖRPER DES
MENSCHEN.
DAS GÖTTLICHE HERZ IST FEUER, LICHT.
DAS *IRDISCHE BLUT* ERREICHT DAS LICHT
UND WANDELT SICH UM. (367)

Wie ist dieser neue Körper? Er ist ganz anders, als alles was
war. Sein Gewicht ist anders, sein Licht ist anders.

Das Gewicht

Das Markus-Evangelium berichtet (Mark. 6, 47-51): "Und als
es Abend geworden, war das Schiff mitten auf dem See und

104

er allein auf dem Lande. Und wie er sie beim Rudern Not leiden sah – der Wind war ihnen nämlich entgegen –, kam er um die vierte Nachtwache zu ihnen, auf dem See wandelnd, und wollte an ihnen vorübergehen. Als sie ihn aber auf dem See wandeln sahen, meinten sie, es sei ein Gespenst, und schrieen auf; denn sie sahen ihn alle und erschraken. Er aber redete alsbald mit ihnen und sprach zu ihnen: Seid getrost, ich bin's: fürchtet euch nicht! Und er stieg zu ihnen ins Schiff, und der Wind legte sich. Da erstaunten sie bei sich selbst im höchsten Maß."

Es ist offensichtlich, daß ein Körper, der auf dem Wasser schreitet, gewichtloser ist als der "alte Körper".

GEWICHTLOS IST DER NEUE KÖRPER.
AUF SEINER FÜSSE SPUR WIRD NICHTS ERDRÜCKT,
ABER ALLES ERBLÜHT.   (373)

Das Licht

Ebenfalls im Markus-Evangelium wird uns berichtet, daß Jesus sich auf dem Berge Thabor den Jüngern zum ersten Male in seinem *Licht-Materie-Körper* zeigte (Mark. 9, 2-3): "Und nach sechs Tagen nimmt Jesus den Petrus und den Jakobus und den Johannes mit sich und führt sie abseits allein auf einen hohen Berg. Und er wurde vor ihnen verwandelt, und seine Kleider wurden ganz weißglänzend, wie sie kein Walker auf Erden so weiß machen kann."

SEIN FUSS TRITT AUF DEN FELS
UND ERKLIMMT DEN GIPFEL DES BERGES,
WO DER HIMMEL SICH WEITET,
UND DIE MATERIE ZU GLORIE WIRD.   (373)

Das überzeugendste Beispiel des todesbefreiten Körpers ist

dies: nach dem Kreuzestod des sterblichen Körpers erschien Jesus in seinem unsterblichen *Licht-Materie-Körper* zuerst Maria-Magdalena, und dann mehrere Male seinen Jüngern. Er sprach zu ihnen, teilte sein Mahl mit ihnen und verschwand vor ihren Augen. Sollte dies von der jeweiligen Lichterfülltheit seines Körpers bedingt gewesen sein? Die Lichtfrequenz, die menschlichen Augen erträglich ist, erstreckt sich vom Infrarot bis zum Ultraviolett. Und wenn sie das "Ultraviolett" übersteigt? Scheint es uns dann, als würde der Körper verschwinden?

ER ERSCHEINT IMMER UND RUFT SEINE GETREUEN.
EINEN SOLCHEN KÖRPER NIMMT *ER* AN,
DEN EUER WESEN ERTRAGEN KANN.   (403)

Laut der alten Berichte verschwand der Körper Jesu vor den Augen seiner Jünger eines Tages endgültig. Dieses Ereignis wird auch heute noch unter dem Namen "Himmelfahrt" gefeiert.

Es ist ein schöner Mythos, aber man kann sich auch fragen, warum er "zum Himmel" aufstieg, da sein Körper ja nicht mehr von Zeit und Raum begrenzt war.

HIMMEL UND HÖLLE STÜRZEN EIN,
DENN ES KOMMT DAS LICHT.
ES SENKT SICHT NICHT NIEDER,
DENN ES GIBT KEINE HÖLLE MEHR.
ES ERHEBT SICH NICHT,
DENN ES GIBT KEINEN HIMMEL MEHR.
EWIG HIER WOHNT DAS GEEINTE, DAS EINE.   (366)

Als der Engel vom "geeinten Licht" sprach, schien es mir, daß die ganze Schöpfung nur Licht sei, in höchster Intensität aus der Quelle allen Seins strömend, alle Lebensstufen durchquerend, um sich in der Materie zu verdichten.

In der Mitte aber ist der Lichtstrom noch nicht geeint.

Jesus, der *"erste Meister über den Körper"*, einte ihn erstmals. Der "erste" aber ruft den "zweiten", den "dritten", den "hundertsten", den "tausendsten":

IHR SEID *SEINE* NACHKOMMEN, IHR ALLE.
IHR SEID: JESUS. (245)

Doch schon das Bewußtwerden der Möglichkeit des *Licht-Materie-Körpers* macht ihn weniger utopistisch und irreal.

WENN DU DICH UMGESTALTEST,
SO IST AUCH DIE MATERIE GEZWUNGEN,
SICH UMZUGESTALTEN. (187)

So kann eine Idee, die wir für Science-Fiction hielten, schöpferische Wirklichkeit, erlebte Wirklichkeit werden.

BEWEGUNG

Ich erinnere mich gut an eine Jugenderfahrung besonderer Art, eigentlich kann ich sie nie vergessen: ich war etwa 16 Jahre alt und ging zur Kunstgewerbeschule; der Weg war kurz, nur eine Straße lang. Plötzlich überfiel mich das Staunen: ich gehe … ich bewege mich … alles bewegt sich … jede Zelle in mir ist nur Bewegung … und je mehr ich staunte, umso beschwingter wurde meine Bewegung.
In der Schule angelangt, rief der Portier, der Onkel Kovács*, mir gutmütig zu: "He! Du!… mir scheint, du hast das große Los gewonnen!" Da wurde mein Staunen jäh unterbrochen und meine Beschwingtheit auch! `

Als Lili viele Jahre später den Engel fragte, was Bewegung sei, horchte ich gespannt auf.

DAS ALLERGRÖSSTE … (105)

Es folgte eine Pause, als wäre der Engel selbst in Staunen getaucht. In mir stiegen Bilder auf: der Ozean … das Heranrollen der Wogen, ihr Gischten und wieder Abebben … wie der Atem des Allergrößten … dunkle Gewitterwolken am Himmel, wie vom Allbeweger gepeitscht …
In klarer Nacht sehe ich Milliarden von Sternen über den Himmel wandern … allbewegt vom GRÖSSTEN.
Aber immer, wenn ich mich im Großen träumend verliere, erweckt der Engel mich im Kleinsten:

In Ungarn nennt man jeden älteren Menschen "Onkel" oder "Tante".

WACHSEN IST *NOCH NICHT BEWEGUNG,*
WIND IST *NOCH NICHT BEWEGUNG,*
FLIESSEN DER WASSER IST *NOCH NICHT BEWEGUNG,*
ZERFALLEN ZU STAUB IST *NOCH NICHT BEWEGUNG,*
WANDERN DER STERNE IST NOCH NICHT BEWEGUNG.
DAS ALLES IST NUR FOLGE, VERHARREN IN TRÄGHEIT.

BEFIEHLT HUNGER, KÄLTE UND BEGIERDE
DIE BEWEGUNG,
SO IST SIE NUR ZWANG.
DU ABER VERMAGST DICH SCHON FREI ZU BEWEGEN:
BEWEGUNG IST FREIWILLIGE TAT.   (105)

Wieder blieb ich vor Staunen stumm: Ich bin bewegt und kann
zum freiwilligen Beweger werden!
Ich bin Geschöpf und kann zum Schöpfer werden!

DIE HELFENDE HAND … *DAS IST BEWEGUNG.*
DAS STRAHLENDE AUGE … *DAS IST BEWEGUNG.*
DAS ERHEBEN DER MATERIE ZUM NEUEN GEBÄUDE
DAS IST BEWEGUNG. NEUE SCHÖPFUNG!   (105)

Wir Bewegende? Wir Schöpfer? Ich höre so manche einwen-
den: "Das ist doch Größenwahnsinn!"
Diese Behauptung wäre etwas zu bequem:
der Wahnsinnige wird ja als *unverantwortlich* angesehen.
Der Engel aber kam, um uns unserer Verantwortung bewußt
zu machen. Die Größe des Menschen kann am Maß seiner
freiwillig angenommenen Verantwortung gemessen werden.
Bewegung kann beleben und ebenso vernichten. Heute bewegt
sich der Mensch verantwortungslos der Vernichtung seines
Universums zu.

JEDE EURER BEWEGUNGEN
STRÖMT INS WELTALL AUS
UND WIRKT.
FÜR JEDE DEINER BEWEGUNGEN
MUSST DU RECHENSCHAFT ABLEGEN. (210)

110

ADAM MACHT BANKROTT

Die Gespräche mit den Engeln fanden vor etwa 50 Jahren statt. Heute ist das Problem der Ökologie lebensentscheidend geworden. Haben sich die Engel schon damals darüber geäussert?

Ja. selbstverständlich. Die Engel sind sehr gute Ökologen.

Ihre Lehre betrifft in erster Linie die untrennbare Einheit des Menschen mit seinem Universum. Deshalb ist sie anders, ganz anders, als was den Alten gekündet wurde: "Seid fruchtbar und mehret euch und füllet die Erde, und machet sie euch untertan und herrschet über die Fische im Meere, und die Vögel im Himmel, und über alles Getier, das auf der Erde kriecht." (Gen. 17, 1-7)

Das Herrschen Adams bedroht heute Erde, Wasser und Himmel mit ihrem Untergang. Das auf Erden kriechende Tier wird ausgerottet, die Meere sind vergiftet, die Fische sterben aus. Die Vögel im Himmel werden dezimiert. Die Menschen aber, in ihrem Elend, überfüllen die Erde. Und jetzt sagt der Engel:

NICHT *VIELE* MENSCHEN SIND NÖTIG –
SONDERN *DER* MENSCH. (88)
AUF EINER SCHWEREN KUGEL,
AUF EINER UNSCHULDIGEN KUGEL LEBT IHR.
DANK *SEINER* UNENDLICHEN GNADE
FIEL FLUCH DARAUF,
AUF DASS IHR DIE KUGEL NICHT ANBETET!
AUF DASS IHR SIE NICHT ANBETET! (115)

111

Der Adam von heute aber betet ihren Reichtum an, und sein Herrschen wurde plünderisches Zerstören.

DIE UNSCHULDIGE KUGEL WARTET AUF ERLÖSUNG. WODURCH WIRD SIE ERLÖST? INDEM ADAM VERLASSEN WIRD. (116)

Die Bedrohung allen Lebens ist nun weltweit zu einem Hauptthema geworden. Man sucht überall nach rettenden Möglichkeiten. Was zeigt der Engel, dieser große Vorgänger aller Ökologie, als Hilfsmaßnahme auf? Kann der Fluch noch in Segen umgewandelt werden?

DER KÖRPER IST DIE ERDE. DER KÖRPER DER SCHLANGE IST AUSGEKROCHEN. DER FLUCH, HERVORGERUFEN DURCH ALLE ADAME. DOCH ES WIRD KOMMEN DER NEUE CHRISTUS, *WENN ERDE UND ENGEL VEREINT SIND IN DIR.* (359)

Seit undenkbaren Zeiten ruft Adam den Fluch auf die Erde herab, indem er sie und ihre Schätze anbetet, und in einem einzigen Augenblick könnte der Fluch sich in Segen wandeln? Ja, wenn unsere maximale Lebensintensität sich der minimalen Lichtintensität eint, ist ein großer Wendepunkt erreicht: Schleusen des Himmels öffnen sich und ergießen sich durch den Menschen auf die Erde, um sie mit Licht zu durchtränken. Und das ist nichts Mysteriös-Spektakuläres: Es ist das alldurchdringende Licht eines neuen, *kosmischen Bewußtseins:* die Welt ist in mir und ich bin die Welt. Das ist das neue Bewußtsein, das ist die wahre Ökologie. So wird die Erde zum Altar des Göttlichen.

DER ALTAR IST DIE ERDE – DIE GANZE ERDE. (325)

VI. INSTINKT, VERSTAND, INTUITION

GEDANKE UND INTUITION

Ich habe so manche Schulen besucht, wo die Gedankenleere das Ziel der Belehrungen ist. Ich habe sie nie erreicht. Selbst während der Übungen schwemmten mich die Gedanken dorthin, wo ich es gar nicht wollte.
Was sagen die Engel darüber? Und Sie selbst, Gitta, haben sie die Beherrschung der Gedanken erreicht?

Ich bin eine praktische Person und für mich ist der Gedanke, der an seinem rechten Platz dient, viel wichtiger als sein Beherrschen, das nur wenige Weise erreicht haben.

Ihre Frage rührt an ein Problem, das mich schon in meiner Kindheit interessierte. Meine Großmutter litt an Schlaflosigkeit und beklagte sich endlos darüber. Also brachte ihr Großvater eines Abends ein Glas Wasser und riet ihr an, es nur in kleinen Schlucken zu trinken, da ein stark wirksames Schlafmittel darin aufgelöst sei.

Nachdem sie es langsam und vorsichtig ausgetrunken hatte, schlief sie tief und lange, worüber die ganze Familie lächelte, da alle eingeweiht waren: es war reines Quellwasser. Ich aber lächelte nicht, ich war hochinteressiert. Großmutter denkt: Ich kann nicht schlafen – und sie schläft tatsächlich nicht. Denkt sie aber: Ich werde gut schlafen – so schläft sie gut.

Ist eine böse Hexe oder eine gute Fee in ihren Gedanken verborgen?

Ich erhielt erst 30 Jahre später die Antwort, als der Engel einerseits vom Gedanken und anderseits von der Intuition sprach.

Für den Engel ist der Gedanke *Materie*, wenn auch feinste, subtile Materie.

Die Intuition hingegen ist ein Strahl des *immateriellen* Lichtes.

Er sagte uns, daß der Gedanke der *erschaffenen* Welt angehört, die Intuition der *erschaffenden* Welt.

Der Gedanke sei *zeitbegrenzt*, die Intuition *zeitlos*.

Der Gedanke *vermittelt*, was die Intuition *eingibt*.

Beherrscht uns der Gedanke, so welkt das Leben dahin, *dient* er aber der Intuition, blüht das Leben auf.

Viele kennen wohl die kleine Geschichte des französischen Mathematikers Henri Poincaré: Lange, sehr lange suchte er umsonst eine mathematische Formel. Eines Abends legte er sich, müde geworden, nieder, den Blick nach oben gerichtet und sah plötzlich – wie auf der Zimmerdecke eingeschrieben die richtige Formel. Dies kam ihm wie ein zeitloser Augenblick vor. Um die Lösung aber nachher auf Papier – in der Materie – niederzuschreiben, brauchte er *eine halbe Stunde*.

Der Gedanke kann also sowohl Vorbereiter wie auch nachher der Vermittler für die Intuition sein. Denken wir intensiv an ein Problem, so "erhitzen" wir durch diese Intensität das Erkennen seiner möglichen Lösung. Aber diese Erkenntnis kommt uns meist dann, wenn wir nicht mehr daran denken. Wenn wir mit etwas anderem beschäftigt sind, blitzt die Lösung auf, sie ist einfach da.

Der Gedanke hat sie dann in Zahlen, Worte, Noten oder in geometrische Figuren zu kleiden.

Wie geschieht das? Wenn wir auf dem Gipfel unserer Möglichkeiten, auf unserem "Maximum" angelangt sind, kann der Intuitionsfunke vom "Minimum" des Engels überspringen.

Und die Intensität seines Lichtes ist genau so stark, wie wir sie jeweils ertragen können.

NUR AUF DEM GIPFEL DEINER FRAGEN
FINDEST DU ANTWORT.
ICH BIN DORT. ANTWORTEN KANN ICH *NUR* DORT.
ALLES HAT SEINEN GIPFEL,
UND DER GIPFEL IST DEIN PLATZ.   (241)

Dieser "Platz" bedeutet die gleichzeitige und klarbewußte Gegenwart sowohl im Geist wie auch in der Materie.
Die Gegenwärtigkeit im Geist allein ist ungenügend.
Die Gegenwärtigkeit in der Materie allein ist ebenfalls ungenügend.
Die Verbindung der beiden ist das Ziel.
Diese Verbindung ist aber nicht nur blitzartig, wie in Poincarés Beispiel, sondern auch dauernd möglich.
Ich liebe es, diesbezüglich Mozart als sprechendes Beispiel zu erwähnen.
Er hörte vollerwacht eine "Musik der Sphären" und transponierte diese mit klarem Bewußtsein auf seine Partituren.

Ebenso hörte Hanna in den letzten zwei Jahren ihres Lebens vollerwacht Worte der Engel und transponierte diese bewußt in Worte unserer Sprache.
Aber vorher war sie leer von hindernden Gedanken geworden.
Hier stehen wir vor einem wunderbaren Paradox des Lebens: durch ein leidenschaftliches Interesse für ein Problem gelangen wir auf den Gipfel unserer Gedanken-Konzentration. Dann aber schlägt alles in sein Gegenteil um: im Moment, wo wir unser Streben fallen lassen und in eine Art Leere fallen, kommt meist die intuitive Lösung.

Um was für eine Leere handelt es sich hier?

Um die Leere von Gefühlen, welche unklare, auf- und abschwankende Gedanken anziehen,
um Leere von Ehrgeiz, der machtlüsterne Gedanken anzeigt,
um Leere vom Wollen, das dynamisierende Gedanken anzeigt,
um Leere vom Eigendünkel, der urteilende Gedanken anzieht,
und in erster Linie um Leere *von jeder Erwartung.*

Da, nur da, *ziehen wir keine Gedanken mehr* an, sondern öffnen uns frei für das intuitive Erkennen.

Da, nur da, kann die Intuition den Gedanken durchdringen, und da wird der Gedanke zum nützlichen Vermittler der Intuition.

Da dient der Gedanke an seinem unersetzlichen Platz, da endlich dient er dem Erkennen.

DAS ERKENNEN DURCHDRINGE DEN GEDANKEN. (309)

VERGLEICHEN... VERGLEICHEN... VERGLEICHEN

Ein Freund meines Mannes, ein Philosoph, der sehr bewandert ist in vergleichender Religionswissenschaft, sagte mir kürzlich:

Ich finde das 28. Gespräch über "Omega-Alpha" im Buch "Die Antwort der Engel" so manchen Aspekten der Advaita ähnlich, insbesondere, was das Intervall zwischen zwei Zeitmomenten oder zwei Gedanken betrifft...

Ich unterbrach ihn schalkhaft:
"Du bist außerordentlich beschlagen, was Religionswissenschaften betrifft. Darf ich dich aber auf eine Gefahr aufmerksam machen? Es ist meiner Meinung nach sehr unpraktisch, die Worte der Engel mit anderen Schriften zu vergleichen, denn dieses meist intellektuelle Spiel kann dich daran hindern, die Worte zu leben, zu erleben. Mit Erschrecken habe ich bei mir selber festgestellt, daß meine frühere Vergleichs-Manie zu einer automatisch-sterilen Verstandes-Routine wurde, die völlig fruchtlos blieb.
Unser Verstand liebt das Aufspüren von Ähnlichkeiten, aber er wird atemlos still, wo eine ursachelose, schöpferische Ruhe und Leere beginnt:

LASS DEN VERSTAND IN SEINEM KÖNIGREICH!   (134)
LASS DEINEN KOPF BEISEITE!
ER IST NUR DER ERSTE DER DIENER,
DU ABER BIST SEIN HERR.   (101)

DIE STILLE, DIE ICH LEHRTE,
IST DIE SUMME ALLER GEHEIMNISSE. (83)

Auch du scheinst mir geschickt mit dem Vergangenen zu jonglieren, schließt dich aber dadurch vom geheimnisvollen *Neuen* aus, das nur *erlebt* werden kann. Nachher mag der Verstand kommen, um es denkend zu interpretieren.

Du kennst meinen Mann gut und weißt, wie wenig Wert er auf angehäuftes Bücherwissen legt, und wie er sich mit Leichtigkeit in die schöpferische Stille versenken kann. Einmal sprachen wir über das Gespräch von "Omega-Alpha", das du gerade erwähnt hast, und er kleidete sein Erleben desselben in ein erstaunlich einfaches Bild:
"Ein leerer Raum, Stille. Jemand betritt den Raum und beginnt auf der Schreibmaschine zu tippen: S-e-h-r g-e-e-h-r-t-e-r H-e-r-r ... Die Person schreibt so schnell, daß der Maschinenlärm ununterbrochen scheint. In Wahrheit ist zwischen jedem Buchstaben ein Moment der ursprünglichen Stille. Sie wird nur vom oberflächlichen, zeitbedingten Lärm übertönt. Wir sind *immer* in dieser Urstille. Wer sie auch nur einmal erlebte, den stört der Oberflächenlärm nicht mehr..."

DIE STILLE HÄNGT NICHT VOM LÄRM AB –
UND DESHALB IST ES SINNLOS, IHN ZU FLIEHEN. (82)

Dieses praktische, erlebte Verständnis begleitet seitdem auch mich. In Budaliget sagte mir mein Meister, daß in mir keine Stille sei, und das war leider nur zu wahr. Selbst jetzt, nach so vielen Jahren, erreiche ich die große Stille nur selten ..."

Nun unterbrach er mich:
Das ist nicht erstaunlich, dein Temperament ist zu dynamisch.

120

Diese große Stille ist letztlich das Endziel aller orientalischen Weisheit, sei es der auf den Upanishaden gründenden Vedanta ... oder der Advaita ... oder des Buddhismus, der in der Avatamsaka-Sutra gipfelt ... oder der Zen-Chan ... ich spreche nicht einmal von den großen Weisen wie Patanjali oder Chankaracharia...

Hier platzte mir heraus:
"Welch schöne Leichenrede! Während du sie mir vordoziertest, sah ich dich in einem Sarg der Vergangenheit eingeschlossen. Dort liegen alle jemals gedachten, tausendmal wiedergedachten, endlos lang wiedergekäuten Gedanken der Vergangenheit.

Hast du nicht bemerkt, wie dein Gedankenrad schon wieder vollkommen automatisch funktionierte? Du warst so zufrieden, deinem Vergleichshobby zu frönen, daß du vergaßest, die Ur-Stille, von der du so gelehrt redest, in dir selbst zu erfahren.

So bleibst du unweigerlich im Bereich des schon tausendmal Überlegten, immer wieder anders Ausgelegten, zu dem es schier endlose Vergleichsmöglichkeiten gibt.

Mit *derselben Energie* hättest du aber das noch Nie-Gedachte, das Schöpferische, das Neue erreichen können."

DAS NEUE, DAS EWIGE,
IST NICHT DAS EWIG GLEICHE,
SONDERN DAS EWIG NEUE.   (103)

Jetzt wurde er erstmals still und meinte dann:
.... *Jetzt fehlen mir die Worte!*

Erleichtert und immer noch mit leisem Schalk nahm nun ich wieder auf:
"Jetzt bist du in der Stille zwischen zwei Gedanken! Dein

121

Verstand erhielt einen 'Schock' von einer Wahrheit, die aus einer ihm übergeordneten Dimension kommt. So schwieg er einen Augenblick lang erstaunt still."

Aber alsogleich sprudelte er begeistert wieder los:
Aber das ist ja dasselbe Prinzip wie das des Koan im Zen!

Lachend gab ich unser Gespräch auf:
"Gib acht, mein Lieber! Schon hat dich die Gewohnheitsroutine wieder erwischt und du vergleichst ... vergleichst ... vergleichst!"

DIE PRAE-LOGIK

Sie erwähnen oft, sehr oft, die großen Veränderungen, die jetzt durch Impulse von planetarischem Ausmaß bewirkt werden. Nehmen Sie es mir nicht übel, wenn ich es offen eingestehe: sollte es nicht ihre künstlerische Phantasie sein, die Sie zu leicht in Regionen führt, die nichts mit menschlicher Logik zu tun haben?

Sie haben recht: diese Regionen sind *nicht* logisch, vielleicht auch nur *noch nicht* logisch erfaßbar.

Wir beginnen aber, die von Ihnen erwähnten "planetarischen Impulse" bewußt oder unbewußt zu *fühlen*, ein jeder seiner Empfänglichkeit entsprechend.
Den Wandel eines neuen Lebensrhythmus zu leugnen, nur weil er logisch *noch nicht* begreifbar ist, scheint mir ein vorschneller Schluß. Ich möchte zur Erklärung dieses Geschehens das Beispiel der Komponisten nehmen: viele unter ihnen hören mit dem inneren Ohr ausgeprägte Rhythmen und Melodien. Uns aber sind sie erst dann faßbar, wenn sie festgelegt werden. Nun existieren sie auch in der greifbaren Realität und sind uns allen verstandesmäßig zugänglich.

Desgleichen spüre ich das Wirken eines neuen Lebensrhythmus schon jetzt, obwohl er *noch nicht* logisch kodifiziert ist. Er ist eher im Bereich einer noch unbekannten Mathematik zu finden als in Regionen überschwenglicher künstlerischer Phantasie.

Um es kurz zu fassen:
Der Wandel der Materie in Licht-Materie wird von großen
universellen Gesetzen geleitet, deren Rhythmus unserem
Verstand noch unfaßbar ist.

GIB ACHT! GIB IMMER ACHT! GIB GUT ACHT!
DIESER RHYTHMUS IST NICHT MEHR
DER RHYTHMUS DES KÖRPERS,
DER VERSTAND KANN IHN NICHT ERFASSEN.
LASS DEN VERSTAND IN SEINEM KÖNIGREICHE.   (134)
DER KÖRPER IST LANGSAM –
ER NIMMT ES ERST SPÄTER WAHR.
DU ABER BIST NICHT NUR KÖRPER.
NICHT NUR DEIN KÖRPER ERFÜLLT DEINE AUFGABE.

(228)

Heute weiß ich, daß es unsere Intuition ist, welche die
"Logik" des Kommenden ahnen und uns helfen kann, sie zu
erleben. Später, wenn wir den Wandel in Licht-Materie als
etwas Natürliches voll leben werden, wird auch der Verstand
mit seiner menschlichen Logik kommen und den ganzen
evolutiven Prozeß klar erfassen und darstellen können.

Bis dahin rate ich Ihnen an, ihre intuitive Fähigkeit nicht zu
vernachlässigen. Sie kann ein Schlüssel sein zum Leben in
seiner ganzen Größe. Die Logik humpelt mit ihren Erklärungen meist hinten nach.

INSTINKT UND INTUITION

Laut dem Engel sind wir auf Erden, weil uns hier eine Aufgabe anvertraut wurde. Um sie ausführen zu können, erhielten wir ein wunderbares Werkzeug:

SEIT BEGINN DER ZEITEN
WURDE DER KÖRPER FÜR EUCH GEFORMT.   (108)

ER – DER EWIG PLANENDE
IHR – DIE VERWIRKLICHER.   (375)

Um unsere Aufgabe im göttlichen Plan verwirklichen zu können, erhalten wir mit dem ausgebildeten Werkzeug auch die "nötige" Gebrauchsanweisung": Gottes Wort spricht durch die Intuition zu unserem psychischen Sein, durch den Instinkt zu unserem körperlichen, tierischen Sein.
Als Lili einmal fragte, was der Instinkt sei, war die Antwort kurz und unmißverständlich klar:

GOTTES WORT ZUM TIER.   (211)

Landläufige religiöse Erziehung und rationales Denken haben es vereint fertig gebracht, den Instinkt – dieses göttliche Wort in uns – mundtot zu schlagen.
Der Engel aber gibt ihm seinen hohen Wert zurück.
Lili fragte einmal, worauf sie – um in ihren Kursen tatsächlich helfen zu können – in erster Linie achten solle.

AUF DICH SELBST.

BIST DU IN GUTER VERFASSUNG, WIRD DIR ALLES GEGEBEN. (52)

Dieses Wort ist so unscheinbar einfach, daß die meisten darüber hinweglesen ... und unsere "gute Verfassung" – diese gesunde Basis allen wahren Helfens – wird nur zu oft zu "edlen, altruistischen Zwecken" vergewaltigt.

Meist sind es die Besten unter uns, die diesem unnützen Märtyrertum freiwillig huldigen.

Ich wiederhole: Gottes Wort zum Körper ist der Instinkt.

Gottes Wort zur Seele ist die Intuition.

Nur auf den Instinkt zu hören ... ergibt einen nur tierisch gesunden Menschen.

Nur auf die Intuition zu hören ... ergibt einen seelisch belasteten, nervösen Menschen.

Auf *beide* zu hören, ergibt erst den ganzheitlichen Menschen.

VII. PRAKTISCHE LESERFRAGEN

DER ZORN EINES NATURLIEBENDEN

Auf einer Vortragsreise befand ich mich gerade in der Schweiz, als der Rhein wieder einmal schwer vergiftet wurde.

Anläßlich einer "Begegnung mit den Lesern der Engelbotschaft" fragte mich ein junger Mann mit feurigem und kämpferischem Blick:

Was soll ich denn mit meiner Wut, meiner enormen Wut im Bauch machen, daß hier einige unverantwortliche Großkonzerne unser Leben so mißachten? Angesichts solcher Ereignisse würde ich diesen Wirtschaftsbossen am liebsten eine Bombe legen, so groß ist mein Zorn!
Was mache ich mit dieser Energie?

Ich mußte sogleich an die Antwort denken, die Lili einmal auf die Frage, was das Aufwallen des Zornes sei, erhalten hatte:

AUF-WALLEN.
DAS WORT BEDEUTET BEGINN.
SPRUNGBRETT DER KRAFT.
DIE KRAFT SPRINGT VON UNTEN AUF, WALLT AUF,
IST NOCH WANDLUNGSFÄHIG, NOCH LENKBAR.
ACHTE GUT AUF SIE,
GIESSE SIE NICHT ALS AUFWALLUNG AUS!
DIE KRAFT IST HEILIG.
HÜTE SIE UND *GESTALTE SIE UM!*   (90-100)

Diese Worte machten in mir einem ganz neuen Verständnis des Zornes Platz. Bis anhin war es mir öfters geschehen, daß

ich durch das Aufbrausen des – meist als "gerechtfertigt"
empfundenen – Zornes überrumpelt wurde.

Alsogleich setzte sich aber ein entgegengesetzter Zug in
Bewegung: Mein entrüstetes, moralisch-ethisches Verurteilen
des Zornes. Der aufflammenden Energie wurde so durch ein
kaltes Urteil jede schöpferische Kraft geraubt. Nichts blieb
als eine blockierte Spannung in mir selber.

Aus den Worten des Engels dämmerte mir nun eine neue Möglichkeit auf: weder unmittelbares Ausgießen des Zornes, noch
fruchtloses Blockieren, sondern schöpferische Verwendung
einer wandelbaren Urkraft. Trete ich für einen Augenblick aus
dem Gefühlsstrudel heraus, ohne jedoch in die Haltung des
urteilenden Richters zu verfallen, so werde ich zum aktiven
Gestalter der Energie.

Bald stellte ich überdies fest, daß schon das bewußte, akzep-
tierende Beobachten der Gefühle verändernde Wirkung hat.
In der Wissenschaft ist es wohlbekannt, daß der Beobachter
die Natur des Beobachteten beeinflußt. So fragte auch ich
mich: "Ändere ich die Natur meines Zornes, indem ich ihn
beobachte?" Und natürlich ändert sie sich!

Die Engel hatten uns öfter über den Zorn belehrt.
Als während eines Gespräches heiße Wut über das andauernde
Miauen der Katze in mir aufstieg, was die gesammelte Atmo-
sphäre peinlich störte, konstatierte der Engel trocken:

MIT DEM TIER
BERUHIGST DU DAS TIER NICHT. (173)

Bei der egoistisch-profitgierigen Unverantwortlichkeit so
mancher Großindustrieller handelt es sich aber um etwas

anderes als um tierisch-egoistische Kraft. Diese instinktive Energie *beschützt* ja auch das Leben.

Die pervertierte Gier des Menschen nach kurzfristigem Profit bedroht aber unser aller Weiterleben. Wird die Erde vergiftet, so wird der Mensch ebenso vergiftet, denn beide sind unzertrennbar miteinander verbunden. Fühlt sich der Mensch jedoch für die Erde verantwortlich, so kann seine bewußt eingesetzte Energie das blinde egoistische Zerstörungswerk verhindern.

Dieses wirkt gerne ungesehen – schön vertuscht – im Geheimen; wird es dem Licht der Öffentlichkeit preisgegeben, so ist es aus mit ihm.

Unsere "enorme Wut im Bauch" kann wirksam in eine intelligente Umweltverteidigung umgewandelt werden.

Das abendländische, christliche Denken hat es fertiggebracht, grundlegende, wurzelhafte Energien als verwerflich, schlecht und zu "unterdrückend" zu stempeln. Der Engel aber lehrt uns:

DU NIMMST DAS SCHLECHTE AUF
UND VERWANDELST ES IN GUTES.
DENN ES GIBT NICHTS SCHLECHTES,
ES GIBT NUR *UNGEWANDELTE* KRAFT. (171)

Gier, Zorn, Wut sind Urkräfte, wertvolle Energiequellen, die noch ungewandelt sind. Nur wenn wir sie nicht an den ihnen bestimmten Platz leiten, zerstören sie.

NUR UNGEWANDELTE, UNGEBRAUCHTE KRAFT
VERWÜSTET, VERGIFTET, ZERSTÖRT. (168)

Wie und wo die Energien wirken, hängt nur vom Menschen

ab, denn er ist das einzige Wesen der Schöpfung, das berufen ist, sie vollbewußt und schöpferisch zu wandeln.

WAS NACH OBEN DIE NEUE WELT WIRD,
WIRD NACH UNTEN GIFT.
NACH OBEN: LEBEN.
GEHEIMNIS EWIGER FREUDENQUELLE.
HEBST DU ALLES EMPOR,
SO HÄLTST DU DIE EWIGE FREUDE IN DEINER HAND.
EMPORGEHOBEN,
WIRD DIE VERWÜSTENDE KRAFT DES ZORNES
ZUM HALLELUJA. (169-70)

DIE KRITIK

Ich strebe nach der Vollkommenheit meiner Taten, fühle mich aber ständig schuldig, so mittelmässig zu bleiben.

Dieses dauernde Schuldgefühl vergiftet mein Leben ... Kritisiert mich überdies noch jemand anderer, so wird es ein regelrechtes Drama ...

Ich hatte mit einer ähnlichen Schwierigkeit zu kämpfen.

Allmählich aber lernte ich – anfangs nicht ohne Mühe, dann aber immer begeisterter – aus der Pädagogik der Engel folgendes:

meine Unvollkommenheit ruhig anzunehmen, ist der erste Schritt zur Vollkommenheit.

Kritik als Signal meiner latenten Fähigkeiten anzunehmen, ist der zweite Schritt.

Nehme ich das Signal eines Fehlers mit wachem Interesse an, so ist die zu seinem Überwachsen gegebene Energie noch voll zur Hand.

Dieses Interesse ist eine wahre Gnade, eine Sprungfeder neuer Möglichkeiten. Ich werde einem passionierten Detektiv auf der Spur des Übeltäters ähnlich. Spüre ich ihn auf, so öffnen sich meine Augen. Ich ent-decke seine bisher sorgfältig ver-deckten trüben Eigenschaften, ich sehe sie klarer, und so können sie sich in mir zu lebensfreundlichen Energien wandeln.

Seit der Engel mich lehrte, Kritik anzunehmen, wurde mein Leben erheblich leichter:

KOMMT VON WO UND WEM AUCH IMMER EINE KRITIK
– EIN ZEICHEN DES MANGELS –

SO IST DIES NICHT SPIEGEL DEINES UNVERMÖGENS,
SONDERN DEINES VERMÖGENS.
JEDE KRITIK ERHEBE DICH!
DEIN VERMÖGEN ERWEITERT SICH DURCH SIE.   (224)

Nur das, was ich versäumte, in mir zu entwickeln, fordert
wahre Kritik heraus. Noch nie wurde ich kritisiert, weil ich
nicht wie die Callas singe.

Schließe ich aber ängstlich die Augen, um meinen Fehler
möglichst nicht zu sehen, bleibt die zu seinem Überwinden
gegebene Energie unaktiv, sie wird faul, pervertiert und wird
lebensfeindlich:
ich wälze mich dauernd in der trüben Lache des nie endenden
"meine Schuld". Es vergiftet mich. Wir alle sind anfällig für
das Gift des Schuldgefühls, da es uns seit bald 2000 Jahren
immer wieder als Tugend verkleidet eingeträufelt wurde. Der
Engel aber kam heute, um uns zu künden:

ER SENDET DIE SÜNDE,
DAMIT IHR SEHEND WERDET   (90)

VERRAT

*Ich wurde von einer mir sehr nahestehenden Person tief
enttäuscht ... ja, grob verraten.
Haben Sie von den Engeln einen Tipp bekommen, wie man
über solche bittere Erfahrungen hinwegkommt?*

Ja, und zwar bildhaft deutlich:
Der Engel Lilis warnte sie vor den "Judas" mit folgenden
Worten:

GIB ACHT AUF DIE "JUDAS", DIE DAS WORT
FEILBIETEN!
WO DAS FEUER BRENNT,
WIRD WAHRES VOM FALSCHEN GESCHIEDEN.
DAS IST DER ZWECK DES FEUERS.
LASS DICH NICHT VERWIRREN, ES MUSS SO SEIN.
PFLEGE DAS FEUER, HEGE DAS FEUER,
KÜMMERE DICH UM NICHTS ANDERES! (125-126)

Ich verstand, daß mit dem Feuer die Lichtkraft gemeint ist,
die alles umwandelt.
Sagst du von dem, der dich verraten hat, Schlechtes, so bindest
du dich an ihn mit deinen Emotionen. Ja, du nährst ihn mit
ihrer Energie.
Wünschst du ihm Schlechtes, so verschwendest du ebenfalls
deine Lebenskräfte an ihn.
Bleibst du deinem Verräter gegenüber aber neutral, beinahe
uninteressiert, und kümmerst dich mit aller Kraft um die
läuternde Flamme deiner Gefühle, so helfen dir die gegebenen

135

Energien, die Enttäuschung zu überwachsen und sie zu wandeln.

Solltest du dann noch in dem, der dich verriet, etwas Gutes finden – und in jedem Menschen ist Gutes – so beginnst du zu strahlen.
Die Sonne strahlt urteilslos überall hin.

Haftet das Feuer deiner Energien nicht in negativen, bitteren Gefühlen, so wirst du von jeder Enttäuschung befreit und wirkst sonnenhaft belebend.

DAS GELD

Ich besuchte verschiedene spirituelle Schulen, Workshops und Gruppen, die sich um einen Guru bildeten, und immer war ich von einem Unbehagen erfüllt, wenn es um den finanziellen Beitrag ging. Nur zu oft war etwas unklar, unrichtig ... ja unrein.

Dort, wo der sogenannte Meister die Idee auch nur aufkommen läßt oder sie gar diskret fördert, daß Geistiges *erkauft werden kann*, ist alles verdorben. Der Engel aber sagte:

DER GUTE ARBEITER VERDIENT ES,
SEIN TÄGLICHES BROT ZU ERHALTEN,
UM HIMMLISCHES ZU GEBEN.   (233)

Die Gurus sind selten, die sich begnügen, nur gute Arbeiter im Dienste des Göttlichen zu sein. Häufiger hingegen sind diejenigen, die geflissentlich dem Geld dienen. Es gibt aber auch verschrobene "Puristen", die es normal finden, umsonst geistige Nahrung zu erhalten und dem Lehrenden sein Recht auf das tägliche Brot verwehren, denn: "Geld beschmutzt doch Geistiges!"
Wo ist das wahre Maß?
Im NOTWENDIGEN.
Dort, wo dieses haarscharfe Maß überschritten wird, nach oben wie nach unten, dort fühlen wir das Unbehagen, das Unreine.
Das Geld ist ein Symbol: eine Konzentrierung menschlicher Arbeitsleistung in materielle Werte.
Es ist seinem eigenen Gesetz entsprechend zu verwalten. Es

zu verachten, ist ebenso falsch, wie es anzubeten. Wir sind es, die das Geld mit Gefühlswerten vermischen: mit der ganzen Skala zwischen Habgier oder Verachtung. Der Engel warnte uns streng davor, die verschiedenen Lebensstufen zu vermischen, statt sie zu *verbinden*.

Eine jede der Lebensstufen ist rein, falls ihre eigenen Gesetze gewahrt werden:

ALLES IST REIN, WAS AN SEINEM PLATZE IST.
UNKLARE GEDANKEN SIND UNREIN.
GEFÜHLE IM GEISTE SIND UNREIN (234)
NICHT HEBEN, NICHT HINUNTERZIEHEN –
SONDERN *VERBINDEN*. (196)

Es ist unmöglich, zu verbinden, wenn die Lebensstufen untereinander vermischt sind. Unser Lebensgebäude kann nur mit reinen Elementen aufgebaut werden.

DU KANNST DIE ERDE NICHT INS WASSER HEBEN,
UND WASSER NICHT IN DIE LUFT.
ALLES HAT SEINEN PLATZ. (196)

Die Erde entspricht materiellen Werten.

Das Wasser mit seiner unsteten Wellenbewegung entspricht dem Auf- und Abwogen der Gefühle, die Durchsichtigkeit der Luft den klaren Gedanken, und über allem ist das noch Unbekannte.

Als der Engel in Budaliget von der Reinheit jeder einzelnen Lebensstufe sprach, fand ich diese Lehre etwas theoretisch, ja, sie langweilte mich. Seitdem aber sah ich viele Lebensgebäude zusammenstürzen, da ihre Struktur durch vermischte, unklare Elemente geschwächt war, und ich erkannte den lebenswichtigen, praktischen Wert der diesbezüglichen Engelworte.

Ist das Geld, der materielle Wert, mit Gefühlen vermischt – so

138

wird die erste Lebensstufe unrein und das Fundament ist schon durch Fremdkörper unterminiert.

Wird die Spontaneität der Gefühle durch Gedankenstrukturen unterdrückt – so ist die zweite Lebensstufe entkräftet.

Wird die Klarheit der Gedanken durch Gefühle überlagert, so ist die dritte Lebensstufe auch getrübt.

Will der Gedanke – statt der Intuition – die vierte Lebensstufe erreichen, so wird die Durchlichtung der unteren Stufen dadurch verhindert.
Übersetzt der Gedanke hingegen sorgfältig, was die Intuition ihm eingibt, so kann das ganze Lebensgebäude lichterfüllt werden.

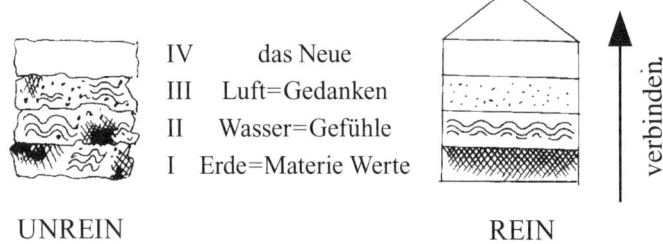

IV   das Neue
III   Luft=Gedanken
II   Wasser=Gefühle
I   Erde=Materie Werte

UNREIN   REIN   verbinden.

Ich komme auf das Maß des "Notwendigen" zurück: es ist haarscharf und individuell und den Augen der Welt nicht ausgesetzt. So bleibt es meist unbeachtet, und wir sind höchst erstaunt, wenn unser Lebensgebäude plötzlich unvorhergesehen zusammenstürzt.
Es ist lebenswichtig, zu wissen, daß keine menschliche Beziehung, kein kommerzielles Unternehmen und keine geistige Lehre ohne das reine Fundament des materiell "Notwendigen" bestehen kann.

LIEBE DEINEN NÄCHSTEN

Ich frage mich oft, warum das größte Gebot; "Liebe deinen Nächsten" so schwer zu verwirklichen ist ... besonders heutzutage, wo unser aller Leben immer hektischer wird ...

Ich habe dieselbe Frage in etwas anderer Form an den Engel gestellt:
"Wie könnte ich die Mauer niederreißen, die zwischen mir und den Menschen ist und die mich ihnen gegenüber gefühllos macht?"

DIE MAUER IST NICHT DA, WO DU WÄHNST.
ICH SAGE DIR ETWAS BEFREMDENDES:
GEGEN *DICH SELBST* BIST DU GEFÜHLLOS.

Ich glaubte schlecht gehört zu haben, so erstaunlich schien mir dieses Wort!
Und so mußte der Engel wiederholen:

GEGEN *DICH SELBST*! JEDES WERKZEUG IST HEILIG.

Und als ich es noch immer nicht auffassen konnte:

DU HAST *DICH SELBST* ZERSTÖRT.   (76)

Wir alle haben ein heiliges Werkzeug erhalten, das seit der Nacht der Zeiten für uns geformt wurde. Und dennoch kenne ich keinen einzigen Menschen, der es nicht zerstört. Wer achtet schon auf den gesunden Rhythmus von Tat und Ruhe des eigenen Körpers?

Es gibt viele, die sich unwissend zerstören und dann erstaunt sind, wenn ein Leiden oder eine Krankheit sie darauf aufmerksam macht. Meist verstehen sie dieses Alarmsignal überhaupt nicht.

Es gibt auch jene, die die Gesundheit des menschlichen Körpers pflegen. Mein Hausarzt, genial in seiner Diagnostik, war von den Kranken überlaufen. Er empfing sie bis spät nachts, oft bis zur Erschöpfung. Sein "Erlöser-Komplex" hinderte ihn daran, "Nein" zu seiner Selbstzerstörung zu sagen. Das unvermeidliche Resultat: ein schwerer Herzinfarkt.

Es gibt Therapeuten aller Art, die Körper und Seele pflegen. Sie haben sich doppelt verpflichtet, oft zum Schaden des eigenen Körpers und der eigenen Seele.
Lili wurde darauf von ihrem Engel aufmerksam gemacht: Als sie fragte, worauf sie sich in ihren Kursen konzentrieren solle, um am besten helfen zu können, war die Antwort unerwartet:

AUF *DICH SELBST.*
BIST DU IN GUTER VERFASSUNG
WIRD DIR ALLES GEGEBEN.   (52)

Ja, es wird uns alles *gegeben*, falls wir unseren eigenen Körper treu verwalten. Nur so kann der göttliche Therapeut *durch* ihn heilen. Der gesunde Menschenkörper ist SEIN Heils-Werkzeug.
Und dennoch sagt der vom "Erlöser-Komplex" Verblendete: "Ich" heile …
Von "Nächstenliebe" erfüllt, strebt er danach, immer mehr zu heilen, unbekümmert um die Gesundheit des ihm wahrlich "Nächsten", des eigenen Körpers.

Der Gesundheit anderer zu geben, was wir von unserer eigenen Gesundheit nehmen – andere zu heilen – und uns selbst zu zerstören, ist falsche Nächstenliebe.

Der EINZIG Heilende kann nur dann durch uns heilen, wenn wir selbst heil sind.

HIMMLISCHER SAME IN SCHLECHTEN BODEN ? (121)

Sind wir "schlechter Boden", so haben wir uns selbst zerstört.
Heilung ist nur möglich durch das, *was* und *wie* wir sind, nicht durch das, was wir vorgeben, zu sein.
Müde verbreite ich Müdigkeit.
Erschöpft erschöpfe ich andere, denn das Gefälle der Energien gleicht sich aus, ob ich es weiß oder nicht.

Es gibt aber auch jene, die Sorge um die Seele des Menschen tragen.
Sehr oft sind sie es, die, dem Gebot der Nächstenliebe folgend, sich selbst zerstören. Der Engel, unser wahrhaft "Nächster" aber lehrt uns, unseren "kleinen Nächsten", den eigenen Körper, verantwortungsvoll zu lieben.
Hier beginnt die große Nächsten-Liebe: weder unseren eigenen Körper, noch den unseres Nächsten, noch den unseres großen Nächsten, unseres Planeten, zu zerstören, sondern in verantwortungsvoller Liebe zu pflegen.

REINHEIT

Reinheit ist für mich ein vager Begriff und das stört mich umso
mehr, als ich mich irgendwie nach Reinheit sehne.
Haben sich die Engel über die Reinheit geäußert?

Ja, unsere Begriffe über die "Reinheit" sind sehr vage, da
sie von Familie, Tradition, Geschichte und Religion stark
beeinflußt sind.
Außerdem sind sie auch in diesen verschiedenen Rahmen
sehr relativ. Der Engel aber gab uns eine kurze und bündige
Zusammenfassung:

ALLES IST REIN, WAS AN SEINEM PLATZE IST.   (334)

Ich konnte natürlich die Tiefe und allumfassende Bedeutung
dieser Worte nicht verstehen, und der Engel gab uns, zu meiner
Erleichterung, weitere Aufklärungen.

UNREIN IST DIE TAT, DIE NICHT AM PLATZ IST.
ÜBERDECKTE UNREINHEIT IST GRUND ALLER
KRANKHEIT.

DIE KIRCHE, IN DER GOTT GEEHRT WIRD,
IST HEILIG UND *REIN*.
STIRBT DIE RELIGION,
KANN EIN LAGERRAUM DARAUS WERDEN.   (234-5)

Wie können wir also wissen, ob unsere Tat rein war?

143

War sie "nicht an ihrem Platz", so ist Nervosität, Reizbarkeit oder ein Leiden die Folge. War sie aber "an ihrem Platz", so wird alles einfach und froh und die Umstände fügen sich harmonisch, wie von selbst. Ein sehr anschauliches Bild über die relative Rolle der Reinheit ist das des "Unkrautes":

NUR INMITTEN DES WEIZENS GIBT ES UNKRAUT.
ABER ES GIBT EINE WIESE, WO ES BLUME IST.
KEIN UNKRAUT MEHR WIRD SEIN,
NUR WEIZENFELD UND BLUMENWIESE :
ERLÖSTES SEIN.   (299)

Wer aber sät das Weizenfeld? Die Hand des Menschen.
Wer aber erlöst das Sein? Die Hand des Menschen.
Nur durch sie kann alles an seinen rechten Platz gelangen.

SEINE HAND IST NAHE
UND *SEINE* HAND BIST DU.   (238)

Die relative Rolle der "Reinheit" wurde mir noch klarer, als Lili fragte, woraus der Egoismus entstanden sei. Die Antwort darauf war:

AUS *IHM*. ALLES ENTSTAND AUS *IHM*.
SELBSTSUCHT IST DAS GEWICHT, SEINE LINKE HAND .
FÜR DEN MENSCHEN GEWICHT,
FÜR DAS TIER ERHEBUNG.
DENN ALLES IST GUT AN SEINEM PLATZ.   (175)

Endlich verstand ich, daß eine Kraft, so sie auf dem ihr zugemessenen Platz wirkt, rein ist. Sie baut auf. *Dieselbe* Kraft, so sie nicht am rechten Platz wirkt, ist unrein. Dann zerstört sie.

Und wir menschliche Wesen sind Gottes Hand auf Erden,
seine rechte Hand und seine linke Hand:

ER IST EINS, ABER ER HAT ZWEI HÄNDE.
DIE MATERIE HÖRT AUF DIE *LINKE* HAND.
DER GEIST HÖRT AUF DIE *RECHTE* HAND.
DER MENSCH ABER IST DAS WUNDER,
DURCH DEN MENSCHEN IST DAS UMARMEN
UND DER KREIS VOLLENDET.   (173)

Durch die reine Tat des Menschen
vereinen sich die zwei göttlichen Hände,
vermählen sich Schöpfung und Schöpfer,
durchdringen sich Licht und Materie,
wird Unkraut zu Weizen,
und das Sein wird erlöst.

145

EIN PSYCHIATER FORDERT HERAUS

Während einer "Leserbegegnung" forderte mich ein bekannter Psychiater in etwas gereiztem Tonfall heraus:

Ist diese ganze Geschichte mit der Antwort der Engel *nicht ganz einfach ein Fall für eine psychiatrische Behandlung?*

Wenn jemand unbeirrbar vorgibt, mit dem äußeren Ohr Engelstimmen zu hören, so ist dies wohl ein Zeichen für eine tiefe Spaltung seiner Psyche.

Wenn wir jedoch die leise, kleine Stimme unseres Herzens vernehmen, so ist dies meist ein Zeichen seelischer *Gesundheit*, falls wir nicht von ihren Aussagen besessen sind.

Die erste – und sehr strenge – Forderung meines Engels an mich war meine Unabhängigkeit ihm gegenüber.

Unabhängig bin ich frei, ihm zu dienen.

Abhängig erniedrige ich mich selbst zu einer Marionette.

Ich habe die Erfahrung gemacht, daß heute immer mehr Menschen auf ihr Inneres hören. Das scheint ein Zeichen der Zeit zu sein.

Jeder hört es seiner inneren Reife, seiner Individualität und seinem Kulturkreis entsprechend.

Meines Erachtens nach ist jedoch nicht das Hören innerer Stimmen wesentlich. Wesentlich hingegen ist für mich die Frage: *Was bewirkt* es in unserem *Leben?*

Das aber kann nur an der Wandlung gemessen werden, die die Begegnung mit der inneren Stimme hervorruft.

Werden wir freudiger ...
gegenwärtiger in unseren Taten ...
wollen wir das innen Gehörte niemand anderem aufdrängen ...
werden aber verantwortungsvoller für uns selbst und unsere Umwelt ...
werden wir uns angstbefreit unserer Erdenaufgabe bewußt ...
so ist es eine lebensfördernde, lichtvolle Kraft, die diese Wandlung bewirkt.
Wer aber kann dies beurteilen? Jeder und jede einzelne selbst.
Also hüte ich mich, die von anderen empfangenen Botschaften zu beurteilen. Ich freue mich an dem, was obigen Kennzeichen entspricht und lasse das andere unbeachtet.

DAS KREUZ DES TODES –
DAS KREUZ DES LEBENS

*Warum betonen Sie immer wieder das "Neue" in der Engel-
botschaft? Ich finde darin ebenso auch alte Lehren, die aber uns modernen Menschen in einer zugänglicheren Form mitgeteilt sind
... und das ist schon großartig!*

Das Neue überstrahlt natürlich auch das Alte ... und dieses
wird dadurch gewandelt, falls es noch wandlungsfähig ist.
Wenn ja, so werden die alten Weisheiten von allzu menschlichen Interpretationen gereinigt, die sich im Laufe der
Jahrhunderte darüber gestülpt haben.

Ich spreche jedoch so viel vom Neuen, weil es mir das
Wesentliche der Engelbotschaft ist. Es geht um das noch nie
Gelebte, das noch nie Gedachte, das noch nie Benannte.

Dies scheint mir schwer zu erfassen ...

Am besten könnte ich es Ihnen durch energetische Schemata
illustrieren. Stellen Sie sich zwei Kreuze vor:

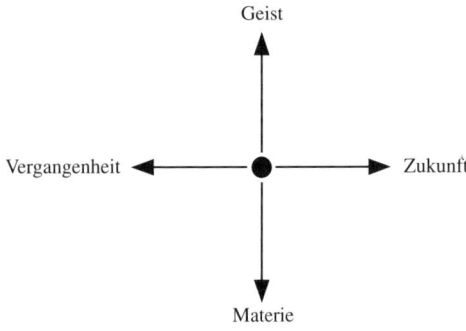

Das erste ist das "Kreuz des Todes".
Sein Energiepotential strebt nach außen, und der Mensch ist so wahrlich auf das Kreuz gespannt.

Horizontal ziehen ihn alte, längst überholte Informationen und eingespielte Gewohnheiten in die Vergangenheit zurück. Aber auch die Furcht vor der Zukunft beherrscht ihn, und so gibt es keine volle Gegenwart.
Vertikal hingegen ist er durch den jahrtausendealten Gegensatz "Geist- Materie" aufgespalten.
Unfähig sich zu befreien, nagelt er sich selbst auf das "Kreuz des Todes."

Der Engel aber sprach ein geheimnisvolles Wort aus:

DAS KREUZ IST NICHT ZEICHEN DES TODES.   (254)

Auch hier wieder eine nachdrückliche Betonung von einem neuen Geschehen, einem Wandel. Wie wird das "Kreuz des Todes" zum "Kreuz des Lebens"? Ganz zum Schluß der Gespräche erhielten wir dazu den Schlüssel.

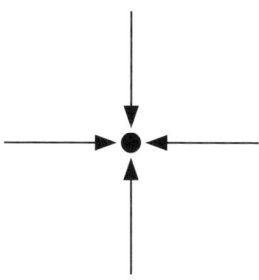

Kein Gespanntsein mehr nach außen,
sondern Entspannung nach innen, Konzentration auf die Mitte.

149

Keine feindlichen Gegensätze mehr,
sondern ihr liebendes Sich-Ergänzen.

STATT KÖRPERLOSEM LICHT
UND LICHTLOSEM KÖRPER
DAS NEUE.   (385)
GREIFBARES LICHT ...
LICHTSTRAHLENDE MATERIE.   (386)

Keine Zeit mehr,
nur das ewige Hier und Jetzt,
wo das Unmögliche möglich wird,
wo das göttlich-menschliche Leben beginnt

und auf die ganze Schöpfung sonnenhaft ausstrahlt.

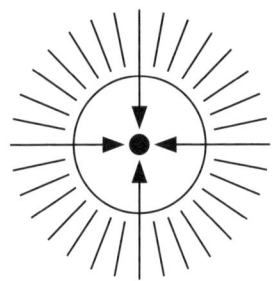

Die Antwort der Engel

ein Dokument, aufgezeichnet von Gitta Mallasz

Budaliget 1943: Ein kleines Dorf am Rande von Budapest. Vier Künstler und enge Freunde treffen sich in den unsicheren Tagen, bevor Hitlers Armee die ihnen bekannte Welt zerstörte. Auf der Suche nach spirituellem Wissen und unter der Vorahnung des Nazi-Schreckens kommen sie siebzehn Monate lang jede Woche zusammen, um ihren eigenen inneren Weg zu entdecken.

Während die äußere Welt in einem tödlichen Überlebenskampf gefangen war, begegneten die vier Freunde einer Kraft, die sie als „Engel" kennenlernten. Gitta Mallasz' Aufzeichnungen dieser Begnungen bilden dieses Buch. Die Botschaft der Engel führt auf den Weg zu sich selber und ist heute noch genauso bedeutsam und eindringlich, wie sie es für ihre ursprünglichen Empfänger vor einem halben Jahrhundert war.

420 Seiten, 12. Auflage, ISBN 978-3-85630-702-8

„Das Buch **Die Antwort der Engel** *hat mich außerordentlich tief bewegt. Ich bin dankbar, diesem beeindruckenden Dokument begegnet zu sein."*
– Yehudi Menuhin

die engel erlebt

von
gitta mallasz

DAIMON VERLAG

„Wie immer man sich dieses Geschehen erklären mag – wahrhafte Offenbarung oder Projektion des Unbewußten – der Text dieses Buches ist unglaublich schön und von einer seltenen spirituellen Qualität durchdrungen. *Er gemahnt durch seine Klarheit an Jeanne d'Arc. Ich habe kaum anderswo das Wesen des Geistes in diesem Reinzustand angetroffen, so frei von konfessionellen Schranken und theologischem Überbau."*
– *J.A., Dominikaner*

Die Engel erlebt

Dieser Band ist eine persönliche Ergänzung zum Dokument *Die Antwort der Engel*: Gitta Mallasz geht hier auf viele Leserfragen ein, die ihr nach der Veröffentlichung des Dokumentes gestellt wurden, und greift einige Themen auf, die ihr heute besonders wichtig und aktuell scheinen.

Sie gibt keine Interpretationen oder Erklärungen zu ihren Aufzeichnungen, sondern läßt den Leser an ihrem eigenen, immer tiefer werdenden Verständnis ihrer Erfahrung teilnehmen.

Es ist ein Buch, das einen direkt anspricht und das aufzeigt, wie groß die kommenden Lebensmöglichkeiten in der Evolution des Menschen sein könnten.

176 Seiten, 3. Auflage, ISBN 978-3-85630-614-4

Das neue Buch von Gitta Mallasz heißt darum «Weltenmorgen», weil die Autorin die Hoffnung hat, daß Menschen den Kontakt zu ihrer Lichtgestalt heute mehr als je bewußt suchen und so zum Werkzeug, zur «Hand Gottes» auf Erden werden. Wer bereit ist, sich diesen Erfahrungsberichten von Gitta Mallasz einmal einfach auszusetzen, der könnte dabei eine Erfahrung machen, die derjenigen der Emmausjünger an ihrem Osterspaziergang ähnlich ist: daß es ihnen – und uns! – «heiß ums Herz» wird und etwas anfängt zu brennen ...
– D.H., Reformiertes Forum

Weltenmorgen

Die kritische und gefährliche Wendezeit, in der wir uns heute weltweit befinden, ist das zentrale Thema dieses Buches.

Eine echte Chance für ein Überleben – für ein neues Leben – bietet sich nur dann, wenn wir global die jetzt gestellte Herausforderung zu einer umfassenden Wandlung annehmen. Gitta Mallasz zeigt eindrücklich mittels Texten aus Die Antwort der Engel auf, wie groß die Verantwortung und die kommenden Lebensmöglichkeiten des Menschen sind.

Obwohl die Autorin in diesem Buch keine allgemein gültigen Antworten geben will, stellt sie die Worte aus *Die Engel der Engel* in ein Licht, das deren fundamentale Bedeutung für unsere jetzige Zeit erhellt. Fern jedes spirituellen Abgehobenseins zeigt sie die Aufgabe jedes einzelnen sich selbst und der Erde, der ganzen Schöpfung gegenüber. In diesem Sinne ist das Buch keine einfache Lektüre: es ist eine Aufforderung.

176 Seiten, 3. Auflage ISBN 978-3-85630-025-8

Zug ins Verderben

Von Ravensbrück nach Burgau

Eva Langley-Dános

DAIMON

Eva Langley-Dános

Zug ins Verderben

Zug ins Verderben ist das erschütternde Tagebuch von Eva Dános, einer jungen ungarischen Frau, in dem sie sechzehn grauenerfüllte Tage und Nächte der Deportation durch die Nazis 1945 beschreibt. Das Tagebuch ist ein Augenzeugenbericht der 700 km langen Zugfahrt von Ravensbrück im Norden Berlins nach Burgau in der Nähe Münchens – einer von unzähligen solcher Transporte, wie sie im dichten Netzwerk der Arbeits- und Konzentrationslager Nazi-Deutschlands durchgeführt wurden.

Die Autorin war Mitglied einer kleinen Untergrundorganisation in Budapest, die von Gitta Mallasz (*Antwort der Engel*) geleitet wurde – unter den Mithäftlingen der Autorin befanden sich Gittas engste Gefährtinnen. Die Menschlichkeit, die in dieser Gruppe erfahren und weitergegeben wurde, half ihnen und vielen anderen im Kampf ums Überleben.

Eva Langley-Dános wurde 1919 in Budapest, Ungarn, geboren, wo sie studierte und unterrichtete. 1943 Doktorat der Ökonomie an der Universität Budapest. Nach der Machtübernahme der Nazis ging sie in den Untergrund, arbeitete in einer Kleiderfabrik, die von Gitta Mallasz als Versteck zum Schutz jüdischer Frauen und Kinder geleitet wurde. Sie nahm an einigen der im Dokument *Die Antwort der Engel* veröffentlichten Gesprächen teil.

150 Seiten, ISBN 978-3-85630-594-9

Deutsche Titel von DAIMON

Gitta Mallasz
Die Antwort der Engel
Die Engel Erlebt
Weltenmorgen
Sprung ins Unbekannte

C.A. Meier
Der Traum als Medizin
Die Empirie des Unbewußten
Die Bedeutung des Traumes
Bewußtsein
Persönlichkeit

Erich Neumann
Kunst und schöpferisches
  Unbewußtes

Angelika Reutter
Rapunzel: eine
  Märchenmeditation

Erna Ronca
FIS, Schätzchen!

Satprem
Der kommende Atem
Das Mental der Zellen
Der Aufstand der Erde
Evolution II

Miguel Serrano
Meine Begegnungen mit C.G.
  Jung und Hermann Hesse

Bani Shorter
Frauen und Initiation

Ernst Spengler
Psychotherapie und das Bild
  vom Menschen

Arno Stern
Der Malort

Heinz Westman / Paul Tillich
Gestaltung der Erlösungsidee

Toni Wolff
Studien zu Jungs Psychologie

Luigi Zoja
Sehnsucht nach
  Wiedergeburt

Erhältlich in Ihrer Buchhandlung oder direkt von:
DAIMON Verlag
Hauptstr. 85
CH-8840 Einsiedeln
Tel. +41 (0)55 - 412 22 66
Fax +41 (0)55 - 412 22 31
Fordern Sie unseren vollständigen Katalog an!
*Auf unserer Internetseite finden Sie auch unser umfangreiches
englisch-sprachiges Angebot:* www.daimon.ch